ABENTEUER DEUTSCHLAND

Mit dem Pferd von der Zugspitze nach Sylt

FOTOS
FLORIAN WAGNER

TEXT
JOHAN DEHOUST

INHALT

Vorwort
Seite 13

Das Team
Seite 14

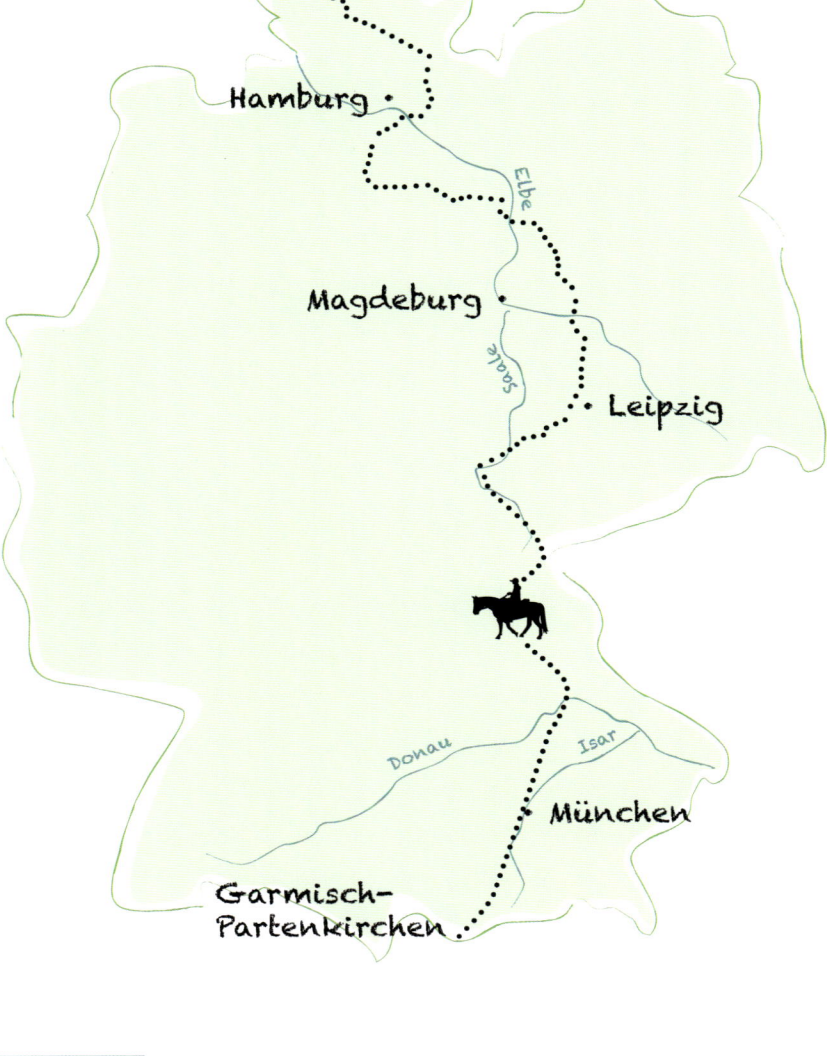

Aufgalopp im Alpenvorland
Seite 18

Wilder Westen in Oberfranken
Seite 62

Seiten 2/3
Bad im Eibsee, kurz nach dem Start ins Abenteuer.

Seiten 4/5
Sechs Uhr morgens, Ritt über die Lüneburger Heide.

Seiten 6/7
Gleich geht es los! Fif kocht Kaffee bei Lübeck.

Von Dichtern und Campern
Seite 102

Mit Käpt'n Kuddel über die Elbe
Seite 144

Von Küste zu Küste
Seite 190

VORWORT

Seit ich denken kann, hat es mich nach draußen und in die Ferne gezogen. Aufgewachsen mit den Bergen vor der Tür, verbrachte ich meine Kindheit und Jugend im Winter auf Skiern. Später flog ich mit dem Gleitschirm von den Gipfeln meiner Heimat und landete manchmal auf der Wiese neben dem Haus, in dem ich lebe. Früh fing ich an, das Erlebte mit der Kamera festzuhalten. Beim Tiefschneefahren, aus der Luft und immer wieder auch vom Pferdesattel aus. Ich fühle mich auf dem Pferderücken zu Hause. Es ist eine so natürliche Art der Fortbewegung, langsam genug, um Land und Leute kennenzulernen, schnell genug, wenn man will, dass einem der Wind überflüssige Gedanken aus dem Kopf weht. So schnell, dass man das Gefühl hat, man könne bis ans Ende der Welt galoppieren, eins mit dem Rhythmus seines Pferdes. Ich bin in Jordanien durch die Wüste geritten und habe dort meine Leidenschaft für die ausdauernden, temperamentvollen arabischen Pferde entdeckt. Rooh, der mich im Wechsel mit Soloma durch Deutschland getragen hat, ist ein solcher Araber. Ich bin über die Savanne in Kenia galoppiert, mit den Zügeln in einer Hand, um mit der anderen zu fotografieren. Aber wohin mich meine vielen Reisen auch geführt haben, so bin ich immer gern in meine bayerische Heimat zurückgekehrt, zurück zu den Bergen und zu meinem Pferd. Eins stand stets für mich fest: Eines Tages würde ich ein Abenteuer mit meinem Pferd erleben. Ich wollte von zu Hause aus losreiten.

Irgendwann hatte ich die zündende Idee: Warum nicht einmal im Sattel meine eigene Heimat erkunden? Die deutsche Provinz kennenlernen: ihre Vielfalt, Romantik, ihre abwechslungsreiche Geschichte. Dort weiterzureiten, wo ich niemals mit dem Auto hinfahren würde. Mit Menschen zu sprechen, die ich sonst nicht treffen würde. Bäche queren, durch den tiefen deutschen Märchenwald reiten, auf einer Wiese mein Zelt aufschlagen. Vielleicht auch einmal die Perspektive wechseln und von oben fotografieren. Vom Hubschrauber aus, auf dem Rückweg? Als ich tatsächlich die Zusage von NATIONAL GEOGRAPHIC bekam, aus meiner Idee ein Buch zu machen, ahnte ich noch nicht, wie hoch der Aufwand sein würde. Zehn Monate lang war ich damit beschäftigt, Sponsoren zu finden, Pferdeprofis aufzutreiben, meinen Helischein zu aktualisieren, die Pferde und meine reiterlichen Fähigkeiten zu trainieren; vor allem aber ein Team zusammenzustellen, das der Aufgabe gewachsen war. Erst später wurde mir klar, wie wichtig meine Mitreiter sein würden und was ich für ein Glück mit der Auswahl gehabt habe.

Ich werde nie vergessen, wie wir schließlich frühmorgens am Eibsee losgeritten sind. Mit einem verschlafenen Grinsen musste ich an meinen Vater denken. Er hatte mir vor Jahren gesagt: «Weißt du, ich war schon in vielen Ländern auf dieser Welt, aber so schön wie bei uns war es nie.» Ich war mir nicht ganz sicher, ob er von Deutschland oder Oberammergau gesprochen hat. Heute, nach meiner bislang größten Abenteuerreise, weiß ich: Er meinte beides.

Florian Wagner,
Oberammergau, Februar 2014

Seiten 10/11
Angekommen: am nördlichsten Punkt Deutschlands auf Sylt.

Links
Hier beginnt die Geschichte: unsere erste Lagerstätte an der Zugspitze.

DAS TEAM

Im Western „Die glorreichen Sieben" ist es ganz einfach: Wer zur Crew gehören will, muss reiten und schießen können. Was muss man mitbringen, um Deutschland auf dem Pferd zu durchqueren?

Florian Wagner und Rooh
Fotograf, Konzept, Planung

Ohne Fotograf Florian Wagner, Jahrgang 1967, würde es das Abenteuer Deutschland nicht geben. Er ist derjenige, der den Traum hatte, einmal von Süden nach Norden durch Deutschland zu reiten. Davon, dass viele darüber zunächst den Kopf schüttelten, ließ sich der Oberammergauer nicht irritieren. Ideen anzugehen, die unmöglich scheinen, das liegt ihm. Florian muss ständig Neues ausprobieren. So kommt es, dass der Fotograf auch Skilehrer, Hubschrauberpilot und Gleitschirmflieger ist. Reiten gelernt hat er in Australien, wo er nach seiner Schulzeit ein paar Monate als Cowboy arbeitete. Seither sitzt er immer wieder im Sattel, meist auf einem seiner beiden Pferde Soloma und Rooh. Florian besitzt das große Talent, andere Menschen von seinen Ideen zu begeistern. So hat er es geschafft, für den Deutschland-Ritt ein Team zusammenzustellen, das bei aller Herausforderung nicht den Humor verliert. Auch ist es ihm gelungen, Sponsoren von seinem Plan zu überzeugen. Mit der Tour erfüllen sich für Florian gleich zwei Wünsche: ein Abenteuer mit seinen Pferden zu erleben und seine Heimat durch die Kamera zu entdecken. Ach ja, begleitet wird der Fotograf dabei auch von Blika, seiner treuherzigen Husky-Schnauzer-Hündin.

Barbara Ochotta und Sonne
Pferdechefin

Barbara Ochotta, eine erfahrene Wanderreiterin, ist schon durch Island, Polen und über die Alpen geritten. Die Schwäbin hat sich im Vorfeld der Reise darum gekümmert, dass alle Pferde gut vorbereitet sind. Immer wieder übt sie mit den Tieren, sich in möglichen Gefahrensituationen nicht zu erschrecken. Während der Tour sorgt sie vor allem für das Wohl der Tiere. Sie steht morgens vor allen anderen auf und füttert die Pferde, lange bevor sie an ihr eigenes Frühstück denkt. Kommt sie endlich dazu, ihren Kaffee zu trinken, muss sie schon wieder los: Pferde putzen, aufsatteln, verarzten, Fliegendecken auflegen, Überanstrengung der Tiere vermeiden, sie abspritzen, Ausrüstung in Ordnung halten – ein Wunder, dass sie dabei auch noch daran denkt, ihre Mitreiter mit Schokolade aus der Satteltasche zu versorgen. Die Kundenbetreuerin eines Bio-Unternehmens reitet vor allem Sonne, ihre 23 Jahre alte Fjordstute. Sie lebt auf ihrem Pferdehof bei Ulm.

Johan Dehoust und Pepino
Journalist

Johan Dehoust, 28, saß mit sieben Jahren zum ersten Mal auf einem Pferd, beim Voltigieren auf einem dicken Haflinger-Wallach. Nach etwa einem Jahr hatten er und sein Bruder genug davon. Sie waren die einzigen Jungen in der Gruppe und mussten sich bei Turnieren in blau-rote Miniröcke zwängen. Das war auf Dauer uncool. Seine Reiterfahrungen hat der Journalist aus Hamburg daher lange Zeit lieber verschwiegen. 20 Jahre hat es gedauert, bis er sich wieder auf ein Pferd getraut hat – bei der Vorbereitung für den großen Ritt. Als Autor des Abenteuer-Deutschland-Teams reitet er Pepi, ein Painthorse. Der 13-jährige Wallach steht bei Barbara im Stall. Sie hat ihn gekauft, als der Vorbesitzer ihn zum Schlachter bringen wollte.

Hannah Gorkenant und Soloma
Fotoassistentin und Social Media

Auch Hannah Gorkenant, Jahrgang 1993, aus Starnberg, saß lange nicht mehr im Sattel. Vor fünf Jahren hat sie das Springreiten aufgegeben. Aber als Florian ihr anbietet, Teil des Teams zu werden, braucht sie keine fünf Minuten, um sich auf das Abenteuer einzulassen. Im Herbst hat Hannah ihr Kommunikationsdesign-Studium an der Hochschule München begonnen. Eine Auszeit davor kommt ihr sehr gelegen. Auf unserer Tour sitzt sie vor allem auf Soloma, der achtjährigen Paint-Stute von Florian. Wenn sie nicht reitet, fotografiert sie, archiviert Bilder und betreut unseren Social-Media-Auftritt, oft bis tief in die Nacht. Trotzdem schafft sie es, uns allen immer charmant-humorvoll zur Hand zu gehen – solange sie morgens nach dem Aufstehen ihren Kaffee kriegt.

Karin Maushart und Mandy
Assistentin Pferde

Karin Maushart, 25, beherrscht eine Fähigkeit, die in der Wildnis wichtig werden kann: Bogenschießen. Eine weitere Leidenschaft von Karin sind Pferde. Seit sie elf Jahre alt ist, reitet sie. Karin hat Deutsch und Geographie auf Lehramt studiert und beginnt nach dem Reitsommer ihr Referendariat. In der Vorbereitungszeit kümmert sie sich intensiv um den sensiblen Araber Rooh, der anfangs nicht ins Wasser will, und bereitet ihn auf die Tour vor. Unterwegs reitet Karin vor allem auf ihrem eigenen Pferd Mandy, einer 19 Jahre alten Quarterhorse-Stute. Karin unterstützt Barbara bei der Versorgung der Pferde – beeindruckend selbstlos und ausgeglichen. Und falls die Nahrung knapp werden sollte, hätte sie Pfeil und Bogen dabei.

Wilfried „Fif" Kolb
Chef Planung und Begleitfahrzeug

Wilfried Kolb, den alle Fif nennen, stammt aus Seißen auf der Schwäbischen Alb. Er war Projektleiter für Photovoltaikanlagen, den Job hat er jedoch aufgegeben, weil «Abenteuer Deutschland einfach mehr Spaß macht». Die analytischen Fähigkeiten des 46-Jährigen sind für das Team besonders wichtig. Er plant die Route, organisiert die Unterkünfte, baut das Camp auf und ab und kümmert sich um alles Technische. Zum Reiten kommt Fif dabei nicht, er darf dafür aber das 256 PS starke Begleitfahrzeug fahren, mit großem Pferdeanhänger dahinter, der extra für die Reise angefertigt wurde: ausgestattet mit Sattelkammer, Schreibtisch und auch nutzbar als Schlafzimmer, in das bequem zwei Feldbetten passen. Unterwegs hält Fif regelmäßig an und arbeitet seinen Einkaufszettel ab. Und abends, im Lager, steht er dann auch noch am Gaskocher. Seine Spezialität: Coq au Riesling.

Thomas Beyer und Olena
Helfende Hand

Thomas Beyer, Jahrgang 1962, wurde in München geboren, seine Begeisterung für die Seefahrt hat ihn aber schon vor über 30 Jahren nach Kiel geführt. Dem gelernten Schiffsmechaniker und Einzelhandelskaufmann gehört die Quarterhorse-Stute Olenas Classic, sie sind ein faszinierend eingespieltes Team. Bei „Abenteuer Deutschland" ist er die helfende Hand für alles: Pferdeversorgung, Routenplanung und die Zubereitung des weltbesten Kaiserschmarrns sind nur einige seiner Aufgaben. Leider kann er nicht die ganze Zeit dabei sein. Nach dem gemeinsamen Aufgalopp an der Zugspitze muss er zur See, aber nach etwa vier Wochen kommt er wieder zu uns und bringt seine Fuchsstute Olena mit. Im Norden zeigt er uns Wege, die das Navi nicht kennt.

AUFGALOPP IM ALPENVORLAND

Wir brechen am Fuß des Wettersteingebirges auf, queren die Loisach und kämpfen uns über zahlreiche Höhenmeter nach München. Erst danach, in der hopfenreichen Hallertau, wird es entspannter.

Oben
Unser Lager in Althausen, einen Tagesritt von München entfernt. Es lässt sich nicht verbergen, dass wir nach knapp einer Woche noch dabei sind, unsere Ordnung zu finden.

Rechts
Mehr haben die Gletscher nicht übrig gelassen. Wir reiten durch den Lindenbach, der durchs Murnauer Moos fließt – ein Hochmoor, das bis vor etwa 400 Jahren noch von Eis bedeckt war.

Oben links
Thomas und Anja Schwiens (besucht uns nur in der ersten Woche) galoppieren über eine frisch gemähte Heuwiese.

Oben rechts
Häufig enden die Wege im Nirgendwo, und wir müssen improvisieren. Hier geht's durch ein Getreidefeld – natürlich äußerst behutsam.

Oben Mitte
Sonne und Barbara spiegeln sich in der Sonnenbrille unseres Kameramanns Janis Willbold, der uns unterwegs immer wieder begleiten und filmen wird.

Von Bergen, Bier und einem Holzschnitzer

Fünf Uhr morgens, wir liegen in unseren Schlafsäcken, draußen auf der Eibsee-Alm wetteifern die Pferde mit der Vogelwelt darum, wer uns als Erstes aus den Zelten lockt. Die Vögel zetern im Wald, die Pferde prusten auf der Wiese. Hin und her und hin und her. Ist ja gut, wir kommen schon raus. Der erste gemeinsame Kaffee: Da stehen wir, Barbara, Hannah, Karin, Fif, Florian, Thommy und ich, Johan. Hinter uns die steile Felswand der Zugspitze, der höchste Berg in unserem Land, unten zwängen sich ein paar Kiefern durchs Gestein, dann ist da nur noch kahles Grau, das nach oben hin mit den Wolken verschwimmt. Für uns gibt es nur eine Richtung: ins Tal – dorthin, wo sich die Sonne schon mit zarten Strahlen ankündigt. Auf der anderen Seite des Bergmassivs befindet sich Österreich. Vor uns Deutschland. Ein Land, das wir aus vielen Perspektiven kennen – aus der Bahn, dem Auto, dem Flugzeug – aber nicht vom Rücken eines Pferdes. Unser Plan: Wir wollen mit den Pferden von hier bis nach Sylt reiten, von Süden nach Norden, von den Bergen ins Flachland und dann an die Küste. Geschätzte 1700 Kilometer liegen vor uns.

Ob die Tiere ahnen, was ihnen bevorsteht? Anmerken jedenfalls lassen sie sich nichts: Pepi wischt sich mit seinem Schweif Fliegen vom Hintern, Rooh und Soloma beschnuppern sich über den Plastikschnüren ihres eingezäunten Gatters. Mandy und Sonne zupfen am Heu. Auf den vorbeigehenden Wandersmann müssen wir, die Reiter, deutlich nervöser wirken – wie wir unsere Kaffeetassen immer wieder auf dem Klapptisch abstellen, um uns zu vergewissern, dass unsere Satteltaschen korrekt bepackt sind. Sonnencreme, Regenjacke, Proviant, alles da? Dann geht es los. Fünf Menschen, die sich zum Teil nur flüchtig kennen, auf fünf eigenwilligen Tieren, die sie durch die Republik tragen sollen. Ein Transportmittel aus einer technikfernen Zeit, anspruchsvoll und dann auch noch langsam. Kann das gut gehen? Schaffen wir es, uns einen Weg durch ein Land zu bahnen, dessen Lebensadern Autobahnen und Schnellstraßen sind? Wie begegnen uns seine Bewohner?

Seiten 20/21
Hinter uns erhebt sich das schroffe Bergmassiv der Zugspitze, vor uns liegt Deutschland: unser erstes Lager auf der Eibsee-Alm.

Seiten 22/23
Besuch Anja, Thommy und Barbara (von links) planschen mit den Pferden im glasklaren Wasser des Eibsees.

Links
Winnetou in den Alpen: Florian mit Soloma auf der Rotmoosalm, im Hintergrund das Wettersteingebirge.

Als wären wir ins Ölgemälde eines bayerischen Heimatmalers geritten: Thommy, Barbara und Anja kurven mit Pepi, Sonne und Rubinho (verlässt uns mit Anja nach einer Woche) am Ufer des Eibsees um Baumwurzeln.

Der Eibsee liegt knapp unter 1000 Metern, eingebettet in eine verträumte, voralpine Landschaft.

Was passiert, wenn aus Sonnenschein Regen wird oder eins unserer Pferde anfängt zu lahmen?

Vor uns liegt der Eibsee, spiegelglatte Oberfläche, Nebel steigt auf. Um uns herum erheben sich die Berge. Es fühlt sich an, als ritten wir durchs Ölgemälde eines bayerischen Heimatmalers. Eine verträumte, voralpine Landschaft, die so schön ist, dass sie fast künstlich wirkt. Wäre es möglich, sie so lange zu verkleinern, bis sie vor einem auf eine Tischplatte passte, man würde immerzu über sie hinwegstreichen. Allein einem einsamen Angler ist es zu verdanken, dass wir uns nicht vollends in ihr verlieren. Sein auf dem Wasser aufklatschender Köder holt uns zurück aus unserer Schwärmerei. Gut so, auf uns wartet eine erste Herausforderung: Wir müssen durch die Loisach. Der Fluss sieht mit seinem knietiefen, milchig-türkisen Wasser aus wie ein sympathisches Flüsschen, das sich aus den Bergen hinunterschlängelt. Das täuscht. Als die Pferde hineinwaten, schrecken sie ans Ufer zurück. Unter ihren Hufen grummeln Kieselsteine, und die starke Strömung erschwert es ihnen, festen Halt zu finden. Sie sind verunsichert. Erst nach ruhigem Zureden und mehreren vergeblichen Anläufen gelingt es uns, ans andere Ufer zu gelangen. Eine bestandene Härteprobe gleich am ersten Tag. Das macht Mut.

Durch den Ettaler Forst reiten wir nach Oberammergau – mehr als 1000 Höhenmeter überwinden wir dabei. Schwerstarbeit für die Pferde. Ihr Fell ist patschnass. Die vielen Steigungen im Schritt kosten sie viel Kraft. Und dazu die Hitze. Oberammergau, das ist Florians Heimat. Hier ist er aufgewachsen, in einem Ort, in dem sich die Zeit an den alle zehn Jahre stattfindenden Passionsspielen ausrichtet. Ein katholisches Miteinander, in dem bis heute zehn Holzschnitzer davon leben, Marienfiguren und Kruzifixe zu modellieren. Wir halten und treffen uns mit einem von ihnen: Tobias Haseidl. Unser erster Gesprächspartner auf der Suche danach, wie die Menschen in Deutschland leben, was sie tun und was sie denken – besonders in den Gegenden, die sonst an uns vorbeifliegen, unterwegs zwischen Bahnhöfen und Autobahnausfahrten.

Rechts
Die erste Herausforderung: Barbara mit Sonne und Thommy mit Rooh suchen sich einen Weg durch die Loisach.

Seiten 30/31
Filigranes Chaos: der Holzschnitzer Tobias Haseidl bei der Arbeit in seiner Oberammergauer Werkstatt. Eine seiner Marienfiguren durfte er 2006 Papst Benedikt überreichen.

Seiten 32/33
Ein Kruzifix am Wegesrand erinnert uns daran, dass wir durch ein katholisches Bundesland reiten. Je weiter wir gen Norden kommen, desto seltener wird diese Art von christlichen Symbolen.

Oben
Wir kühlen die Beine der Pferde in der Naidernach, einem Bach, der sich genau auf der deutsch-österreichischen Grenze entlangschlängelt und dann in die Loisach übergeht.

Links
Wer hat die Rast nötiger? Karin pausiert mit ihrer Mandy an einem bayerischen Dorfbrunnen.

Ziel unserer Reise ist es nicht, möglichst schnell auf Sylt anzukommen, sondern gegen den Sog der Zeit anzureiten, gegen die innere Rastlosigkeit, die uns im Alltag so oft umgibt. Wir hoffen, unterwegs immer wieder Menschen zu begegnen, die uns etwas erzählen. Über ihr Dorf. Über ihre Region. Über ihr Land.

Tobias Haseidl ist in Oberammergau eine Berühmtheit. Als 2006 Papst Benedikt München besuchte, überreichte er ihm im Namen der bayerischen Regierung eine von ihm geschnitzte Marienfigur, eine Patrona Bavaria. Obwohl der 48 Jahre alte Haseidl einer traditionsreichen Tätigkeit nachgeht, wirkt er unangepasst, fast punkig. Und damit ziemlich bayerisch. Konservativ und doch individuell. Zu diesem Eindruck tragen sicher seine kurzhaarige, strubbelige Frisur und der silberne Ring im linken Ohr bei, vor allem aber ist es seine Art zu arbeiten. In seiner winzigen Werkstatt liegen überall Gegenstände herum – Schnitzeisen auf dem Boden, Bücher auf der Werkbank, halbfertige Figuren im Regal. Er erzählt, dass er regelmäßig Wutanfälle bekomme, neulich habe er sein Scheibentelefon mit einem Hammer malträtiert. Momente des Ausgleichs, die er brauche, um sich «ins Holz hineinzufühlen».

Tag 3, Kloster Schäftlarn: Abends im Lager angekommen, sind wir geschafft. Das Reiten, die Hitze, die vielen Gespräche, all das ist aufregend, aber auch anstrengend. Zum Glück gibt es Fif. Er hat wie immer fürs Drumherum gesorgt, ist mit Landrover und Anhänger vorausgefahren und hat unterwegs hastig die Essens- und Getränkevorräte aufgefüllt. Dann hat er auf einer Wiese der Gemeinde Schäftlarn Paddocks aufgebaut, kleine Plastikpfähle in den Boden getrieben,

Fortsetzung auf Seite 42

Florians Tagebuch

8.7.2013

Eibsee-Oberammergau, 45 km, 1000 Höhenmeter

Als Fotograf ein Pferd zu besitzen ist eigentlich ein Schmarrn. Man ist viel unterwegs, scheut Fixkosten und kommt nicht dazu, sich selbst vernünftig darum zu kümmern. Soloma habe ich gekauft, als sie zwei Wochen alt war. Ich hatte keine Chance, sie hat sich für uns entschieden. Sie ist sensibel, bisweilen zickig und extrem verschmust. Dass wir heute in ein Abenteuer starten, bei dem wir über zwei Monate am Stück miteinander verbringen, macht mich glücklich. Rooh kam erst kurz vor dem Ritt zu uns. Ein neugieriger, manchmal nervöser zwölfjähriger Araberwallach, sein Galopp ist butterweich. Auch er ist sehr anhänglich. Ich bin gespannt, wie die beiden sich vertragen.

Rooh und Soloma: Man kann gar nicht oft genug sagen, wie großartig es ist, was sie leisten.

Oben links
Schatten! Wege unter Bäumen sind uns willkommen.

Oben rechts
Sekt und Stockfisch zum Geburtstag. Herzlichen Glückwunsch, Fif!

Oben
Schlafblockade. Barbara versucht, sich auf Sonnes Rücken auszuruhen. Ist ja okay, aber müssen die zwei dabei den Weg versperren?

Rechts
Das Leder, dem wir vertrauen. Ohne gute Sättel täte uns längst der Hintern weh.

Bierbrau-Weltmeister
Michael Plank.

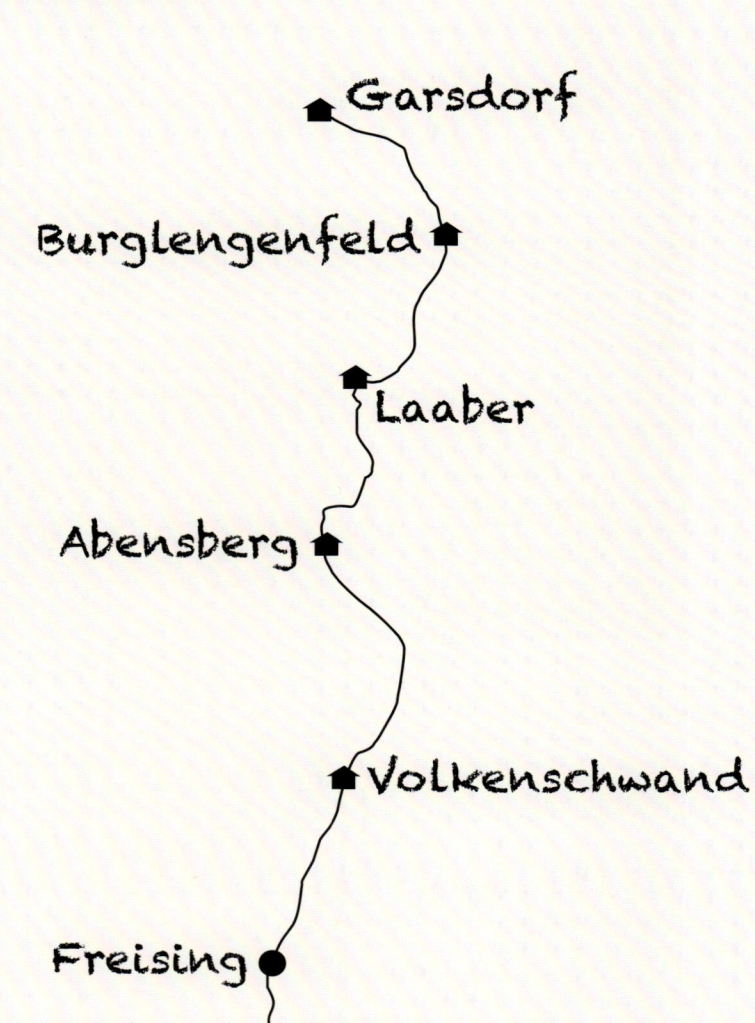

Garsdorf
Burglengenfeld
Laaber
Abensberg
Volkenschwand
Freising
Matthof
Ismaning
München
Kloster Schäftlarn
Oberhof
Oberammergau
Zugspitze/Eibsee

Geschafft! Wir erreichen einen Bergkamm.

Hopfenbäuerin
Gudrun Höfter.

Von hier stammt das Weltmeister-Bier: Laaber in der Oberpfalz.

Es geht schon wieder los. Karin chillt vorm Aufsatteln.

Fjordstute Sonne ist der Liebling der Münchner Kinder.

Am Ufer der Donau vor der Einkehr ins Kloster Weltenburg.

Links
Das haben sie sich verdient! Karin lässt Mandy und Rooh trinken.

Unten links
Der Archäologe Claus-Michael Hüssen zeigt uns den Verlauf des Limes.

Unten rechts
Dornenumrankte Mutter Gottes am Wegesrand.

Rechts
Darf ich auch mal Cowboy spielen? LKW-Fahrer auf Pepi.

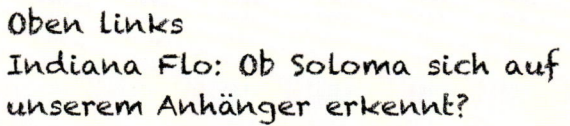

Oben links
Indiana Flo: Ob Soloma sich auf unserem Anhänger erkennt?

Oben rechts
Druckbetankung. Barbara tränkt unseren Besucher Rubinho.

Oben
Rarität am Himmel. In der Morgenstunde zeigen sich tatsächlich Wolken.

Links
Unsere Koppel auf dem Matthof in Ismaning.

sie mit Schnüren verbunden und an einen Stromkasten angeschlossen. Wir Reiter satteln die Pferde ab und duschen sie mit dem Gartenschlauch eines freundlichen Nachbarn ab. Nach einem schnellen Bad in der eiskalten Isar ist das Essen fertig: Spaghetti mit Zucchinisauce, von Fif auf der Gasplatte gekocht. Hinter uns steht eine hölzerne Heuscheune, vor uns die Pferde auf ihren kleinen Weiden, langsam kauend, mit müdem Blick – so wie wir.

Wie mühsam es ist, sich auf Pferden ohne große Umwege gen Norden zu bewegen, merken wir schon in den ersten Tagen. Viel zu häufig enden die Wald- und Feldwege im Dickicht, vor Wildtiergehegen oder erntereifen Kornfeldern – Hindernisse, die uns das Navigationsgerät, das wir reihum um den Hals tragen, nicht anzeigt. Die bisher größte Herausforderung aber erwartet uns am vierten Reisetag: München. Klar, Barbara und Karin haben unsere Pferde seit Monaten auf die Tour vorbereitet, haben sie an vorbeirasende Züge, an rollende Bälle und kreischende Kinder gewöhnt. Aber trotz aller menschlichen Mühen bleiben Pferde schreckhafte Fluchttiere. Wie werden sie auf eine laute, hektische Großstadt reagieren?

Gut, dass sich München zumindest navigatorisch als wenig kompliziert darstellt: immer entlang der Isar. Wir reiten morgens um halb acht los. Grünwald, Geiselgasteig, Tierpark Hellabrunn. Am Ufer spazieren Rentner in Paaren und Schüler in Gruppen. Die Mädchen jauchzen: «Oh, wie süß» und laufen auf uns zu, die Jungen bleiben stehen und brüllen: «Schneller, schneller». Unsere Pferde, das ist erleichternd, lassen sich davon nicht irritieren. Sie tragen uns am Deutschen Museum

Oben
Blika, unsere unbändige Begleiterin, ist mal wieder vorgelaufen und wartet jetzt auf uns – immerhin mit heraushängender Zunge.

Rechts
Unterwegs in Florians Heimat: Wir reiten durch Oberammergau – ein Ort, in dem alle zehn Jahre die weltberühmten Passionsspiele stattfinden, inszeniert von so bekannten Regisseuren wie Robert Wilson und Christian Stückl.

Seiten 44/45
Ein besonderer Moment: Unsere Karawane macht eine Pause, nachdem sie durchs Münchner Siegestor geritten ist.

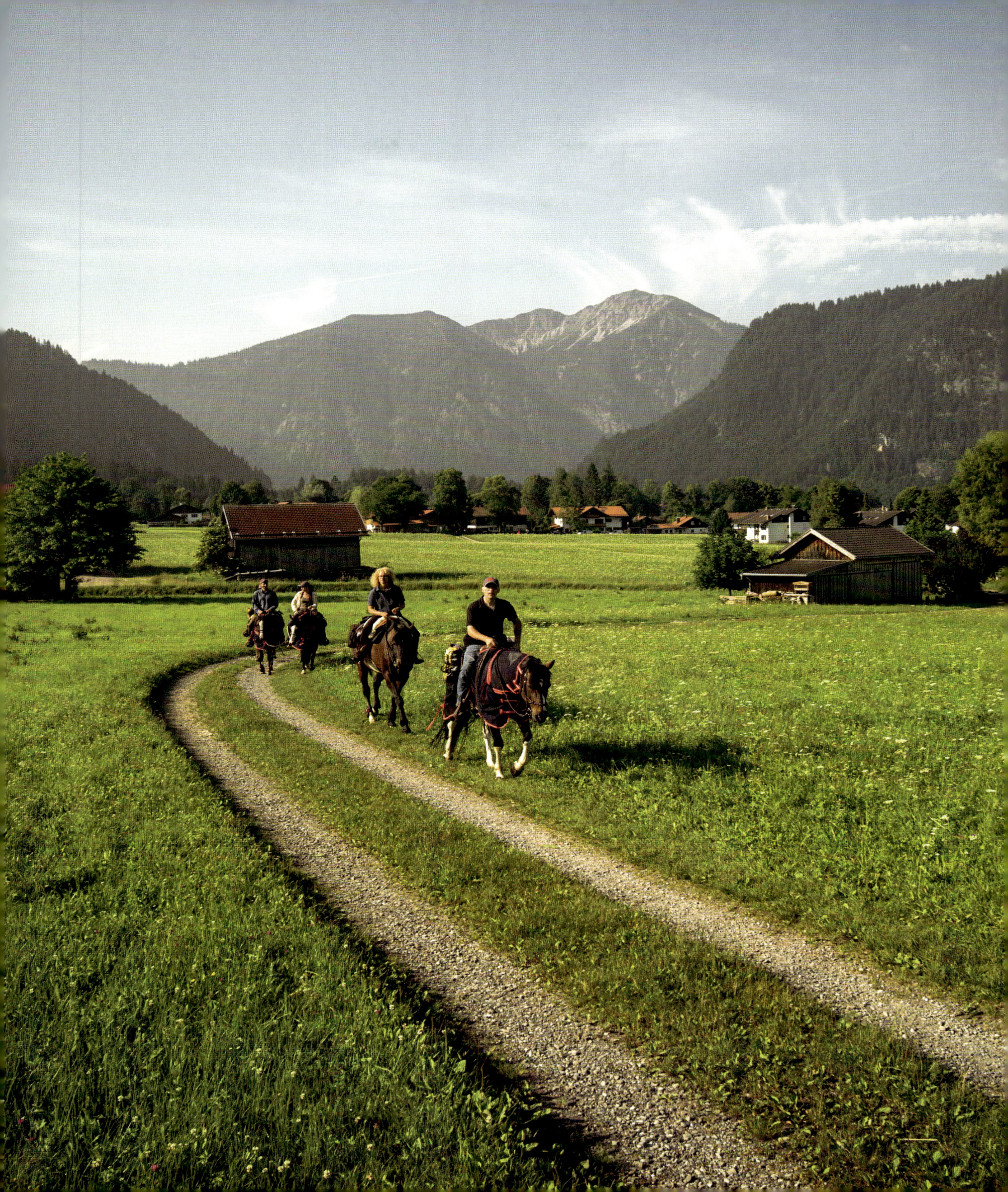

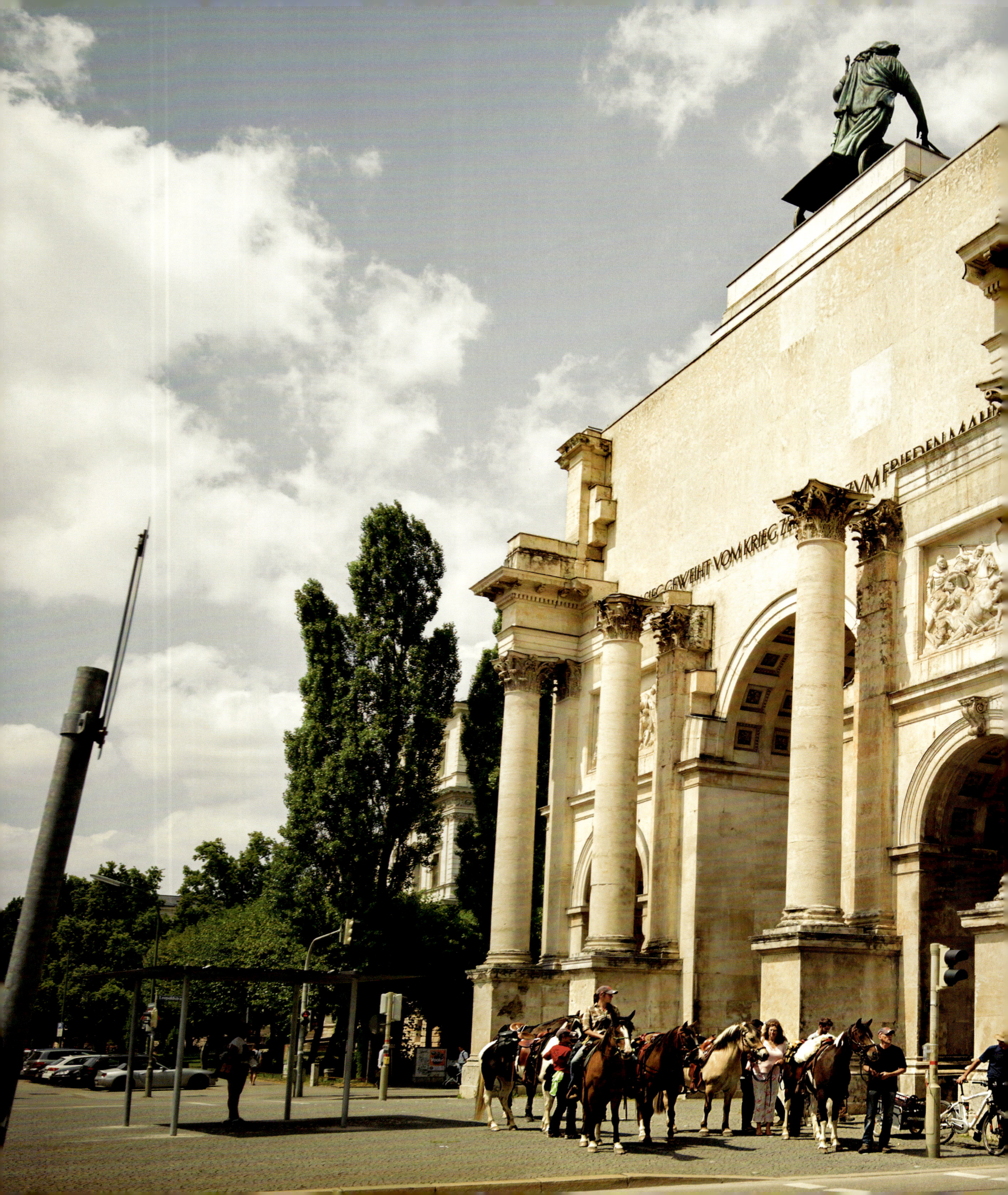
GEWEIHT VOM KRIEG
ZVM FRIEDEN

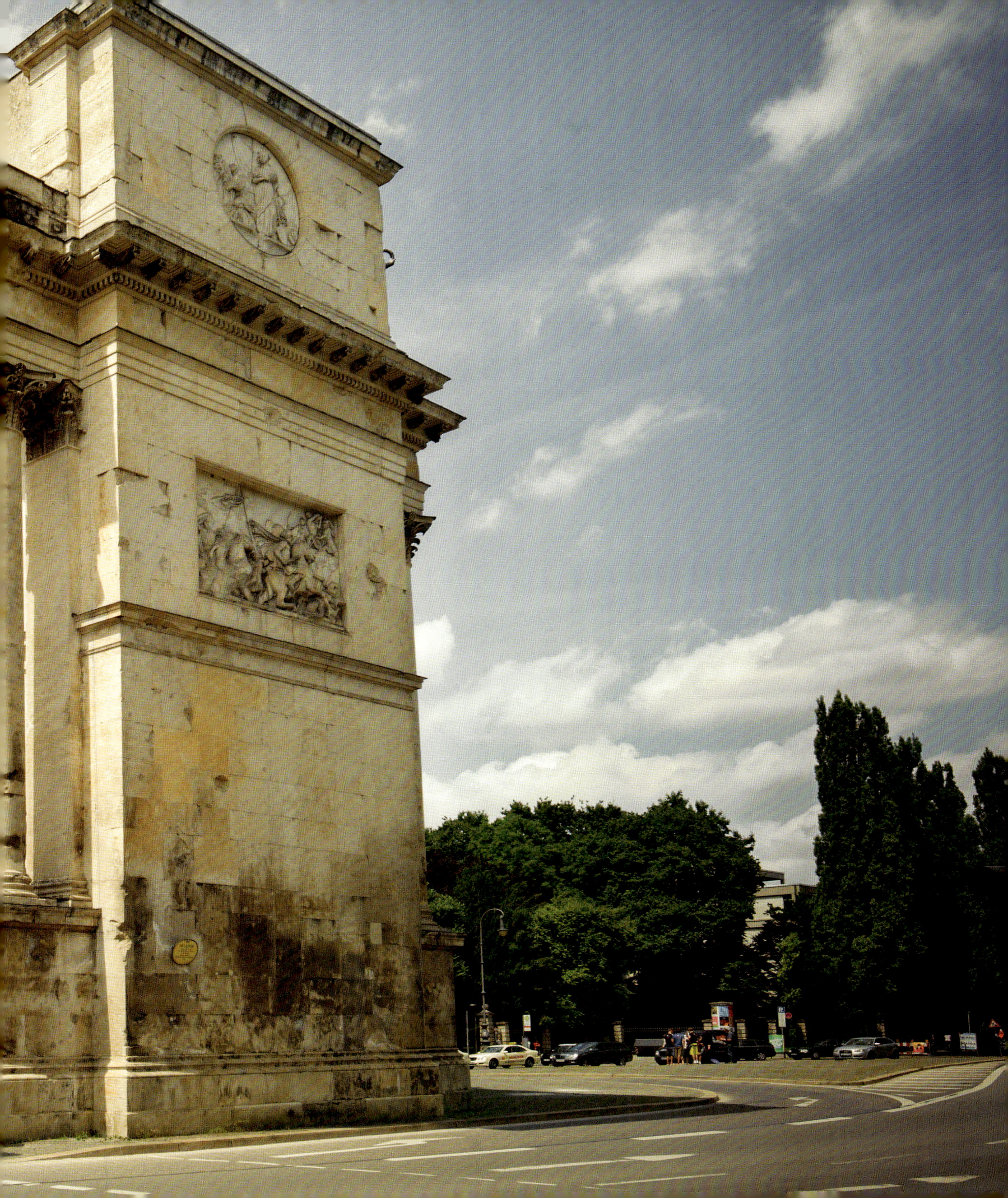

Sonne blickt versonnen auf einen Kiessee in Hallbergmoos. Wovon sie wohl gerade träumt? Vielleicht vom kühlen, sattgrünen Norwegen, der Heimat ihrer Vorfahren.

Bis hierhin, aber bitte nicht weiter. Hannah, Barbara und ich lassen die Pferde am steil abfallenden Rand des Baggersees trinken.

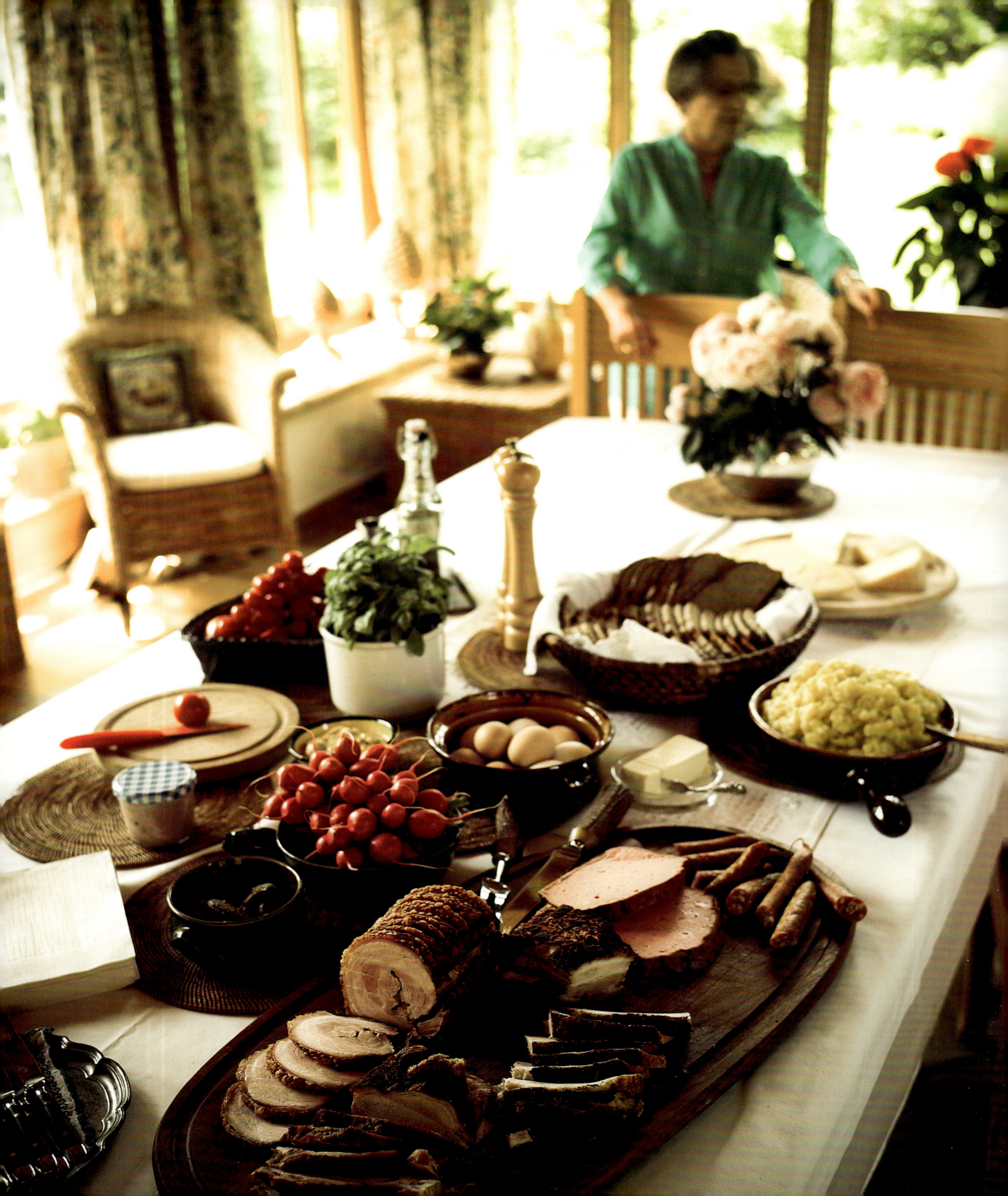

vorbei in den Englischen Garten, völlig gelassen. Von hier aus reiten wir gemeinsam mit dem Schauspieler Günther Maria Halmer durchs Siegestor (Porträt am Ende des Kapitels). Dann verlassen wir die Stadt. Geschätzt alle 100 Meter haben wir in dieser so pedantisch sauberen Zivilisation einen Haufen Pferdeäpfel hinterlassen. Ein dampfender Gruß aus der Peripherie an einen um sich selbst kreisenden Großstadtkosmos.

Wir erreichen den Matthof in Ismaning. Wasser, Heu und Kraftfutter für die Pferde. Aufgewärmtes Grillgut von gestern für uns. Als ich im Zelt liege, höre ich, wie die Pferde neben mir Grasbüschel aus der Wiese ziehen und zermalmen. Risch, ritsch, ritsch. Auch wenn wir noch nicht einmal eine Woche unterwegs sind: Die Geräusche kommen mir vertraut vor, sie beruhigen mich. Die Tiere geben mir das Gefühl, eingebettet zu sein in die Natur. Das kann mein zu Hause geparktes Auto nicht.

Neuhausen in Niederbayern. Hier, in der Hallertau, dem weltweit größten zusammenhängenden Hopfenanbaugebiet, lebt Familie Höfter. Wir bauen unser Lager auf der Wiese neben ihrer Gutskapelle auf. Unglaublich, wie freundlich wir empfangen werden. Erst Kaffee und Kuchen, am nächsten Mittag eine bayerische Brotzeit – wir brauchen nicht lange, um zu beschließen, dass hier der richtige Ort für einen Ruhetag ist.

Wir sitzen mit Gudrun Höfter, Betriebsleiterin und Mutter von vier Kindern, im Schatten eines Sonnenschirms und blättern in einem Fotoalbum. Darin zu sehen: Bilder von Erntehelfern, die mit Hopfen

Oben
Hopfen – die Pflanze, die sich in der Hallertau seit Jahrhunderten wohlfühlt. Wir können sie gut verstehen.

Links
Schweinsbraten, Kartoffelsalat und Radieschen: Frau Höfter und ihre Familie laden uns in Neuhausen an unserem ersten Ruhetag zu einer zünftigen Brotzeit ein.

Wir bauen unser Lager auf der Wiese neben der Gutskapelle der Familie Höfter auf. Die Sättel trocknen, und die Solarmodule laden sich auf, der Sonne sei Dank.

Frühstück im niederbayerischen Neuhausen. Karin genießt noch ihren Kaffee, im Hintergrund ist Fif bereits am Aufräumen.

Seiten 52/53
Es tagt der Sonne Morgenstrahl, weckt alle Kreatur. Einer dieser Momente, in denen wir zu verstehen beginnen, dass das frühe Aufstehen nicht vergebens ist.

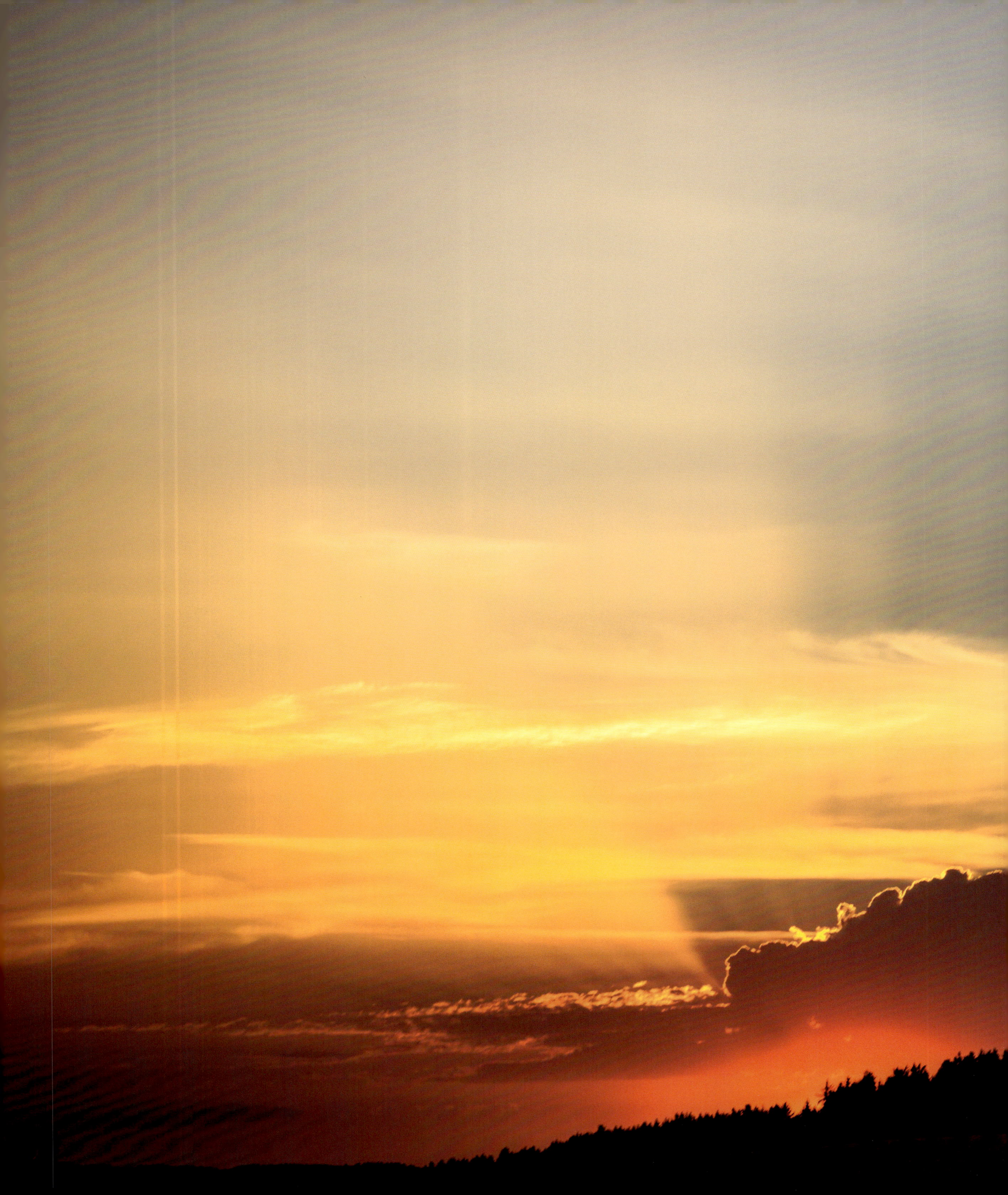

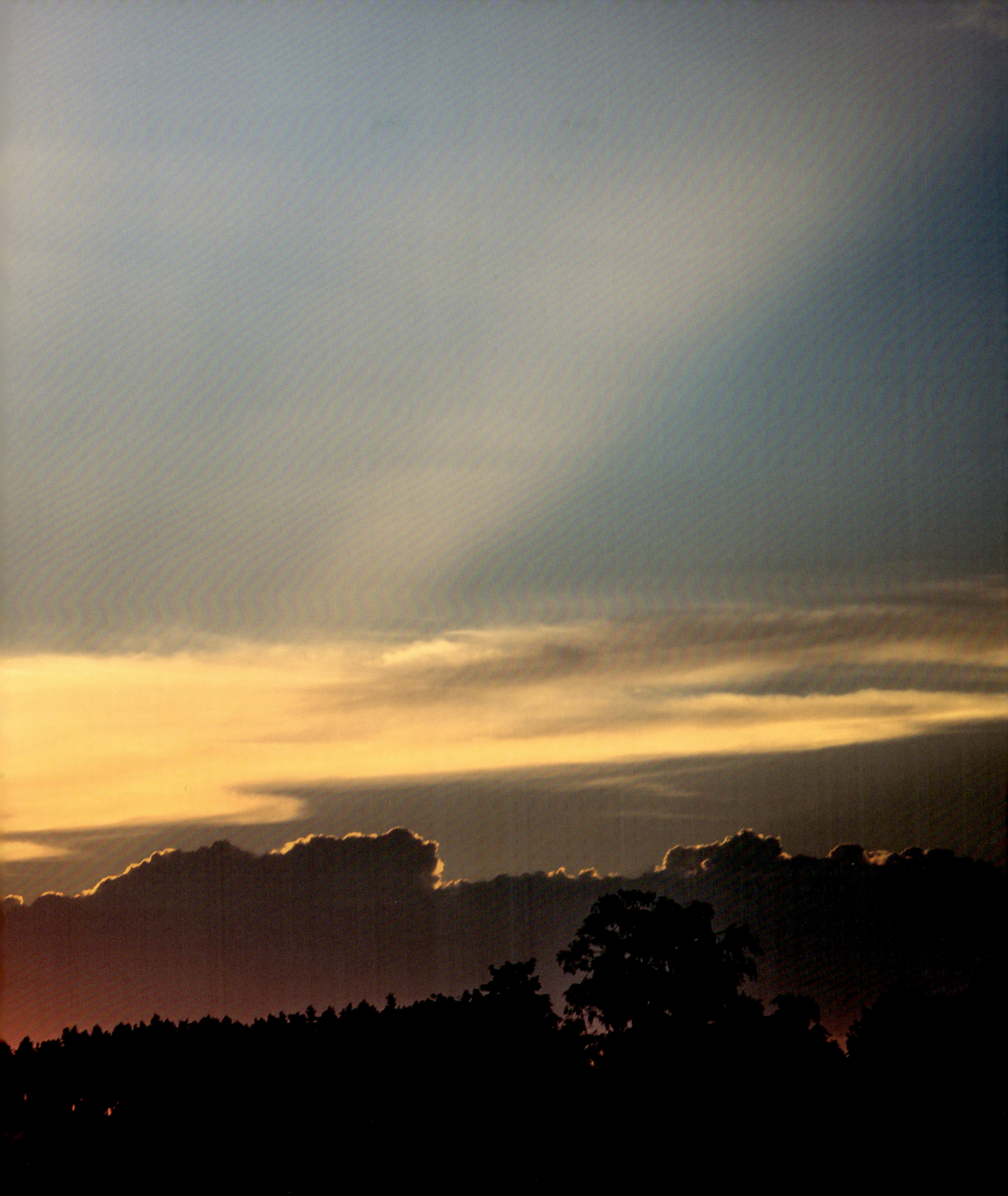

bepackte Weidekörbe auf ihrem Rücken tragen, von Frauen in Kittelschürze, die in badewannengroßen Töpfen rühren, und von einem Hof, auf dem Hunderte Menschen herumwimmeln. So war das damals, in den Fünfzigern im vorigen Jahrhundert.

Wie ruhig wirkt der Hof dagegen heute. Zwei Golden Retriever dösen in der Sonne. Mit Blumenerde beladene Paletten stehen an einer Halle – das zweite Standbein des Betriebs. Die Hopfenernte wird längst nicht mehr mit Weidenkörben, sondern Traktoren heimgefahren. Eine Maschine trennt die Dolden von den Blättern und Reben. Die Handarbeit erledigen, wenn die Pflanzen in rund sechs Wochen reif sind, 20 Saisonkräfte aus Polen und Rumänien. «Mit Romantik lässt sich in der Landwirtschaft kein Geld verdienen», sagt Frau Höfter. Auch vorm kleinbäuerlichen Bayern macht die Industrialisierung nicht halt, obwohl Postkarten mit friedlich auf Almen grasenden Kühen oft einen anderen Anschein erwecken.

Fif bringt kleine Funken in den Hof. Unterm Kastanienbaum lötet er Drähte an der Solaranlage auf dem Dach des Jeeps. Letzte Handgriffe auf dem Weg zum autarken Leben – im Härtefall zumindest wäre es möglich. Zunächst dient die Sonnenenergie vor allem dazu, unsere Handys im Kofferraum aufzuladen. Und, viel wichtiger: Der Kühlschrank kann in Betrieb genommen werden. Es wird die eine oder andere emotional aufgeladene Situation entschärfen, gekühlte Biere vorrätig zu haben. Auch wenn wir jetzt schon eine Woche unterwegs sind, mangelt es uns nicht an Diskussionsstoff. Abrittzeiten, unabgespülte Tassen oder Essensvorräte zum Beispiel.

Montagmorgen, auf der Landstraße kurz hinter Neuhausen. Florian versucht, aus der Satteltasche seine Brottüte herauszuziehen. Soloma erschrickt sich und galoppiert mit ihm ins Weizenfeld. Dabei springt sie von der Straße über einen Graben auf den niedriger gelegenen Acker. Ein Satz, den selbst Florian, der sich als Cowboy in Australien wochenlang im Sattel gehalten hat, nicht ausbalancieren kann. Sie verschwinden im Weizen, er fällt hinunter auf die ausgetrocknete Erde. Schockerstarrt

Herausragende Kunst: In Abensberg reiten wir am 35 Meter hohen Turm des Malers und Architekten Friedensreich Hundertwasser vorbei – eine seiner letzten Arbeiten, bevor der Österreicher im Jahr 2000 starb.

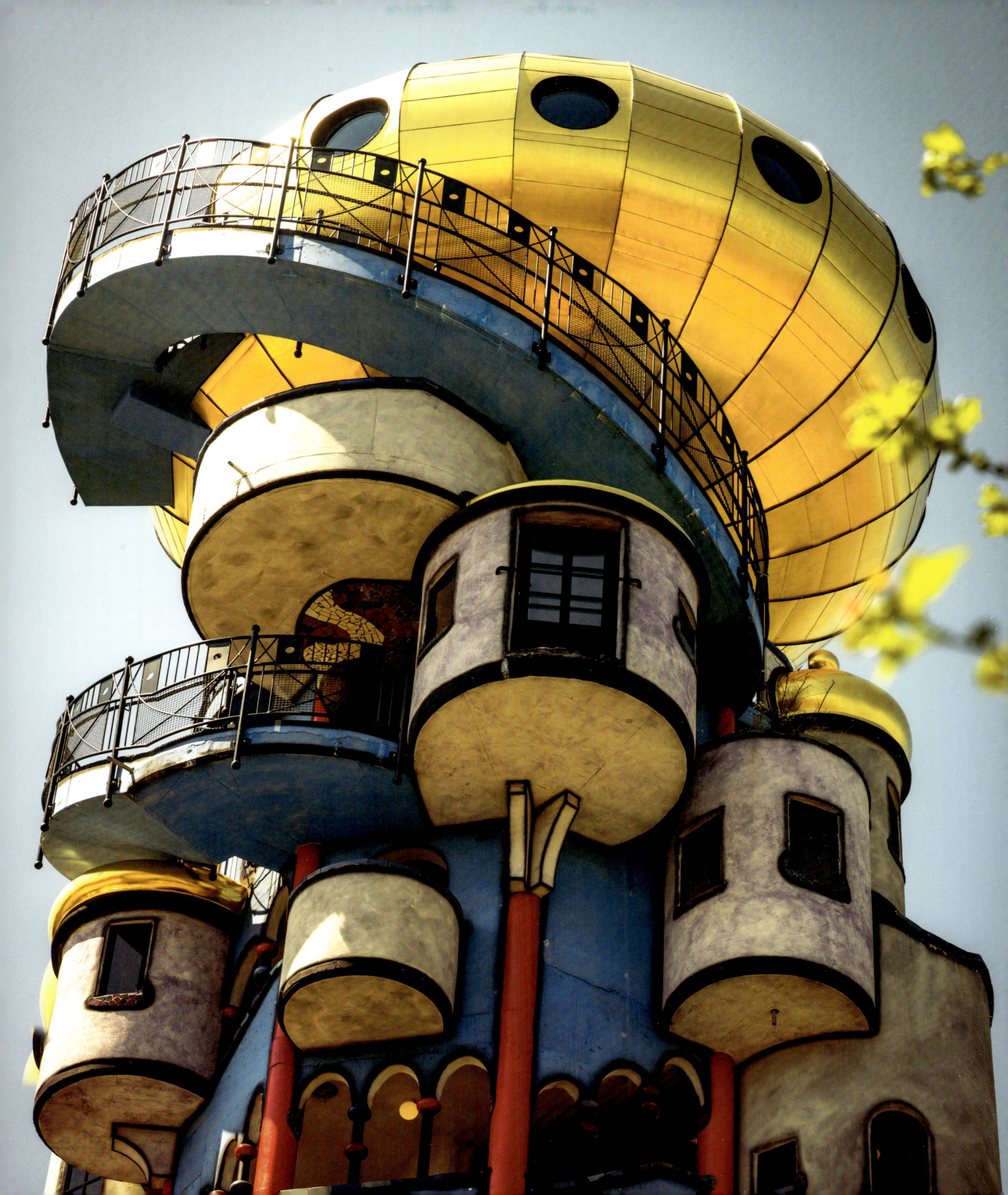

Die Überreste des Römerkastells Abusina in Eining an der Donau. Vor fast 2000 Jahren schliefen hier Soldaten in einer Kammer direkt hinter den Boxen ihrer Pferde – immer bereit, den Limes gegen die Germanen zu verteidigen.

stehen wir da. Nach fünf langen Sekunden hebt sich Florians Kopf aus den goldgelben Ähren. Barbara reagiert als Erste und rennt zu ihm. War es das? Endstation niederbayerisches Weizenfeld? Nachdem Flo von Sanitätern ins Krankenhaus gefahren worden ist, erreicht uns die Diagnose: Prellungen am Rücken, bald wieder einsatzbereit.

Vollzählig erreichen wir die Donau. Eining, ein kleiner Fleck auf der Landkarte, im Römischen Reich von großer Bedeutung. Hier traf der „trockene Limes" auf den „nassen", bis hierher verlief die Grenze des Römischen Reichs auf dem Land, danach ostwärts im Wasser. Geschichtliches Wissen, vermittelt vom Archäologen Claus-Michael Hüssen. Wir treffen ihn zwischen den Überbleibseln des Römerkastells Abusina, einem militärischen Lager, etwa 80 Jahre nach Christus entstanden. Einst lebten hier etwa 120 Pferde. Vorn, in einer Box, standen jeweils drei Tiere, dahinter lag die Kammer der Reiter. Das Pferd als Gehilfe der Grenzsoldaten – ob sie es auch ohne geschafft hätten, den Limes bei Eining bis 620 nach Christus gegen die Germanen zu verteidigen?

Auch in Laaber treffen wir auf historische Gemäuer, auf einem Hang über dem 5000-Seelen-Ort steht eine Burgruine. Eine von über 100 alten Festungen in der Oberpfalz. Abgesehen davon kommt Laaber architektonisch wenig spektakulär daher, es dominieren in Mint, Terrakotta und Rosé verputzte Fassaden. In einem dieser Häuser treffen wir Michael Plank, den amtierenden World Beer Champion. 2012 wurde er in den USA unter 3000 Braumeistern zum Weltmeister und seine rot gestrichene Brauerei zur weltbesten gekürt. Das ist, als würde man bei einer Fußballweltmeisterschaft den Pokal gewinnen und auch noch als bester Spieler ausgezeichnet. Mehr geht nicht. Das weiß Michael Plank.

Der Brauweltmeister erinnert an bayerische Mannsbilder wie Uli Hoeneß, den Präsidenten des FC Bayern. Stets auf der Schwelle zwischen Selbstbewusstsein und Arroganz balancierend. In Bayern fest verwurzelt, sprachlich, kulinarisch, religiös, und trotzdem immer auf der Suche nach Bestätigung in der Welt. Und: sehr generös. Michael Plank lädt uns zum Abendessen in seinen Garten. Es gibt Gegrilltes und Bier, viel Bier. Zeit zum Durchschnaufen.

DAS TSCHARLIE-SYNDROM

Egal, wo in München Günther Maria Halmer auftritt, wird er mit einer Figur gleichgesetzt: dem Tscharlie. Eine Rolle, die ihn zum Stellvertreter eines sehr bayerischen Lebensgefühls macht.

Es ist alles wie damals im Fernsehen, die weißen Zäune, die Rampe zur Reithalle, nur ein winziges Detail ist anders: Der Schauspieler Günther Maria Halmer fragt eine Dame im schwarzen Polohemd um Erlaubnis, bevor er ihr Pferd aus dem Stall am Englischen Garten führt. Nur, um es sich kurz auszuleihen, wie er versichert. Genauso hat er das als Tscharlie in der TV-Serie „Münchner Geschichten" damals in den Siebzigern auch gesehen. «Gestohln ham mer se net», sagt Tscharlie der Polizei, als sie ihn und seine Mitstreiter Gringo und Zapata in der Folge „Der lange Weg nach Sacramento" verhört. Weil sie keine Lust hatten, ihre Cowboykostüme nach einer Faschingsfete abzulegen, liehen sich die drei in der Reitschule Pferde aus und ritten durchs Tal des Todes, die Leopoldstraße hinunter bis zum Siegestor. Der Haken an der Geschichte: Um Erlaubnis fragten sie dabei niemanden. Heute, gut 30 Jahre später, tut Günther Maria Halmer es. Ist er seiner Rolle entwachsen?

Wir müssen Halmer nicht lange bitten, uns zu zeigen, wie er als Tscharlie die Pferde auslieh. Er ist es gewohnt, noch heute ständig mit dieser Rolle in Verbindung gebracht zu werden. Er scheint es zu mögen. Vielleicht weil er sich nicht eingestehen will, dass er sich längst von ihr entfernt hat, mit seinen 71 Jahren. Tscharlie, die noch bei ihrer Oma wohnende Hauptfigur der Serie, versuchte, sich von Folge zu Folge vergeblich mit einem kleinbürgerlichen, immer schicker werdenden München zu arrangieren. Er war individualistisch, verschmitzt und leicht angeberisch. Unwillig, sich an einen stromlinienförmigen Alltag anzupassen. Ein Gefühl, das viele der vor den Fernsehern sitzenden Männer in den Siebzigern gut von sich selbst kannten. Sie hatten das Tscharlie-Syndrom. Viele haben es bis heute.

Wie gern Halmer heute noch Tscharlie wäre, offenbart er, als wir ihn vor der Reitschule treffen. Seine Antwort auf die

Zwei eigenwillige Charaktere: Schauspieler Günther Maria Halmer versucht, Soloma am Halfter zu halten.

«Gestohln ham mer se net!»
Halmer führt vor, wie er und seine Kumpane Gringo und Zapata sich damals die Pferde „liehen".

Seiten 60/61
Dort, wo die Donau eine Schlaufe macht, liegt das Kloster Weltenburg. Drinnen, im Hof, werden wir vom Abt begrüßt und mit Pfifferlingen und geeistem Kaiserschmarren verwöhnt.

Frage, ob man ihm das Pferd halten und ihm hinaufhelfen solle: «Nein, das mach ich schon allein.» Dabei zeigt er dieses Grinsen, das auch seinen Tscharlie auszeichnete; sein Mund öffnet sich nur ganz kurz, dann schürzt er seine Lippen, als wolle er zu einem sehr breiten Kuss ansetzen. Als der Schauspieler im Sattel sitzt, wird jedoch klar, dass er ein bisschen zu weit vorgeprescht ist. Es fällt ihm schwer, den lässigen Cowboy aufrechtzuerhalten. Unruhig blickt er um sich, seine hellbraunen Slipper suchen nach Halt in den Steigbügeln. Er wirkt erleichtert, als dann doch jemand neben ihm hergeht und das Pferd für ihn führt.

«Guck mal, da ist der Tscharlie» – unterwegs zum Siegestor halten immer wieder Fußgänger an, die Halmer auf dem Pferd erkennen. Gequält lächelt er ihnen zu. Pferde sind ihm unheimlich. Anders als im Film gelingt es uns, durch den Triumpfbogen zu reiten, ohne dabei von der Polizei aufgehalten zu werden. Nur wenige Meter von uns entfernt sind zwei Beamte damit beschäftigt, auf der falschen Seite fahrende Radler zu bestrafen. Von uns nehmen sie keine Notiz. Endlich, Halmer kann absteigen. Er posiert noch kurz für den Fotografen einer lokalen Boulevardzeitung, dann gibt er die Zügel ab. «Vielleicht ist noch ein Viertel vom Tscharlie in mir», sagt Halmer später, auf einer Bank im Englischen Garten sitzend. Dabei zeigt er wieder dieses breite, verschmitzte Grinsen.

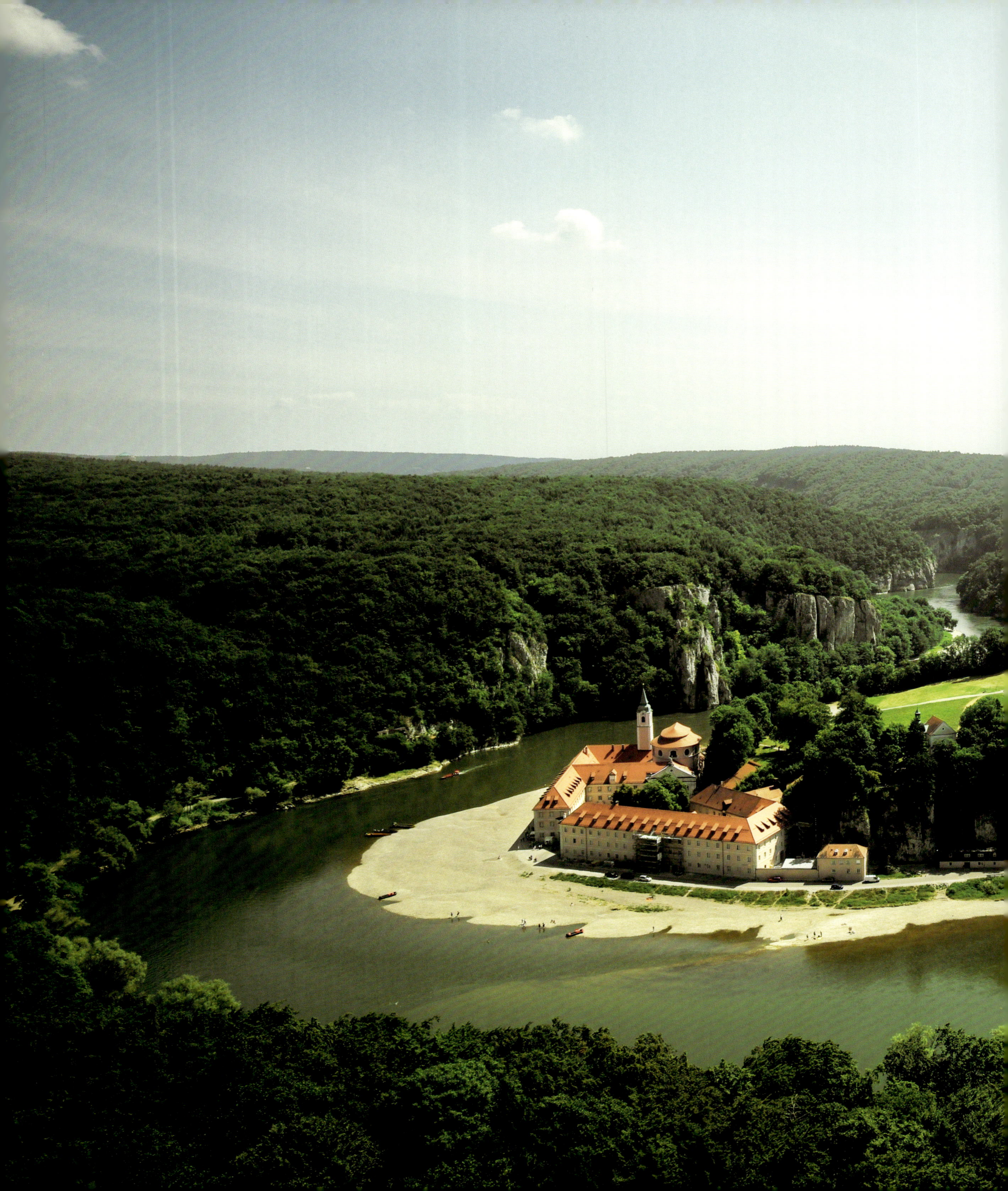

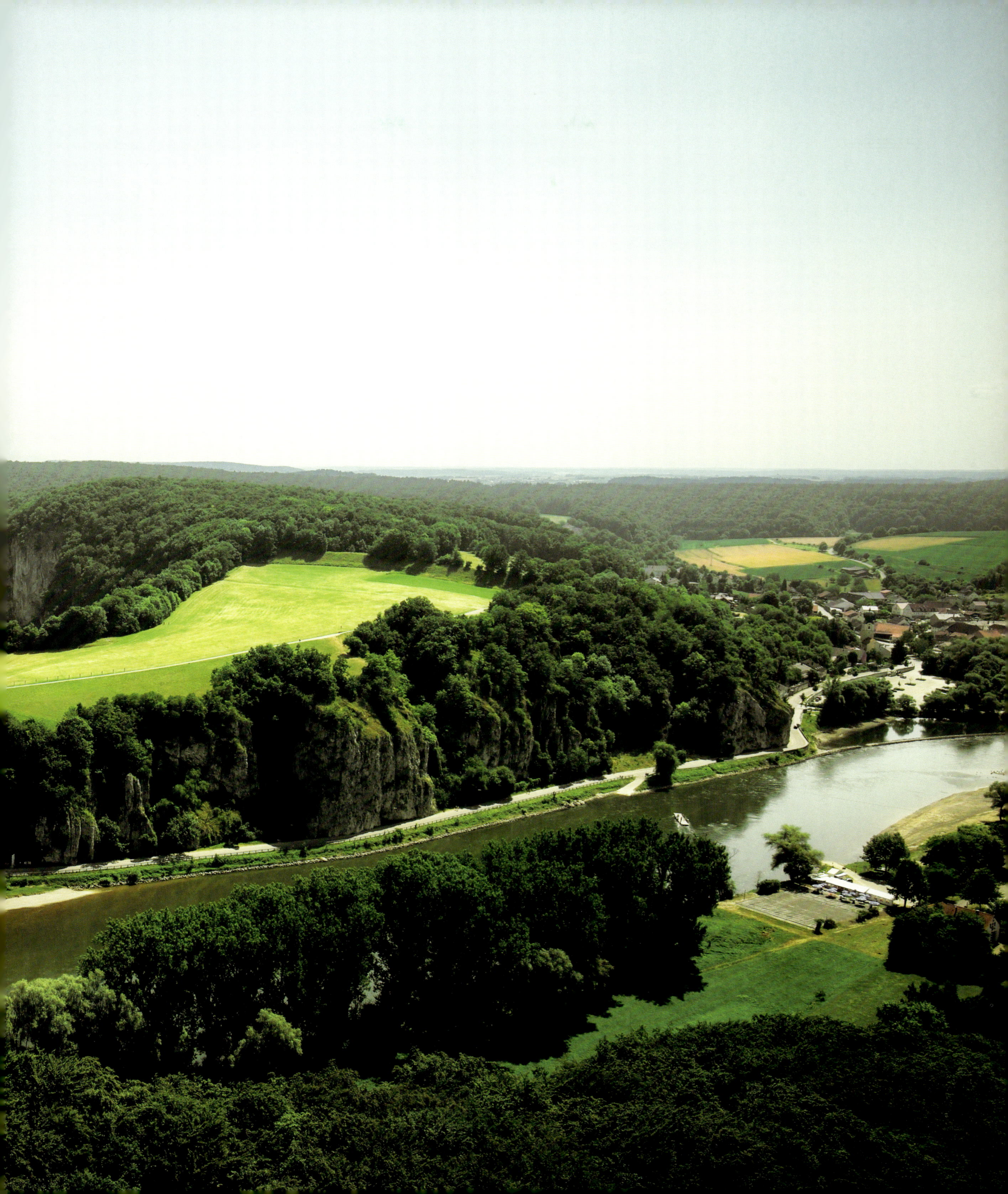

WILDER WESTEN IN OBERFRANKEN

Erst ziehen wir durch die Fränkische Schweiz, dann lustwandeln wir durch die Bayreuther Eremitage. Kurz hinter Hof verlassen wir den Freistaat und gelangen ins zweite Bundesland unserer Reise.

Oben
Gefährlich nah am Abgrund gebaut: Gemäuer der Burg Pottenstein, eine von zahlreichen Festungen auf unserem Weg durch die Oberpfalz und Oberfranken.

Rechts
Typisch Barbara: Sie teilt ihren Proviant mit den Pferden – besonders, wenn sie so nett „fragen" wie Pepi.

400 km

Oben links
Wo ist der nächste Saloon? Karin hält bei unserem Einritt in Pottenstein Ausschau nach einem Rastplatz.

Oben rechts
Die Heuernte in der Fränkischen Schweiz ist in diesem Jahr gut ausgefallen. Karin und Florian galoppieren über eine frisch gemähte Wiese.

Oben Mitte
Sonnenblumenfeld am Wegesrand. Je wärmer der Sommer, desto größer die Blüten.

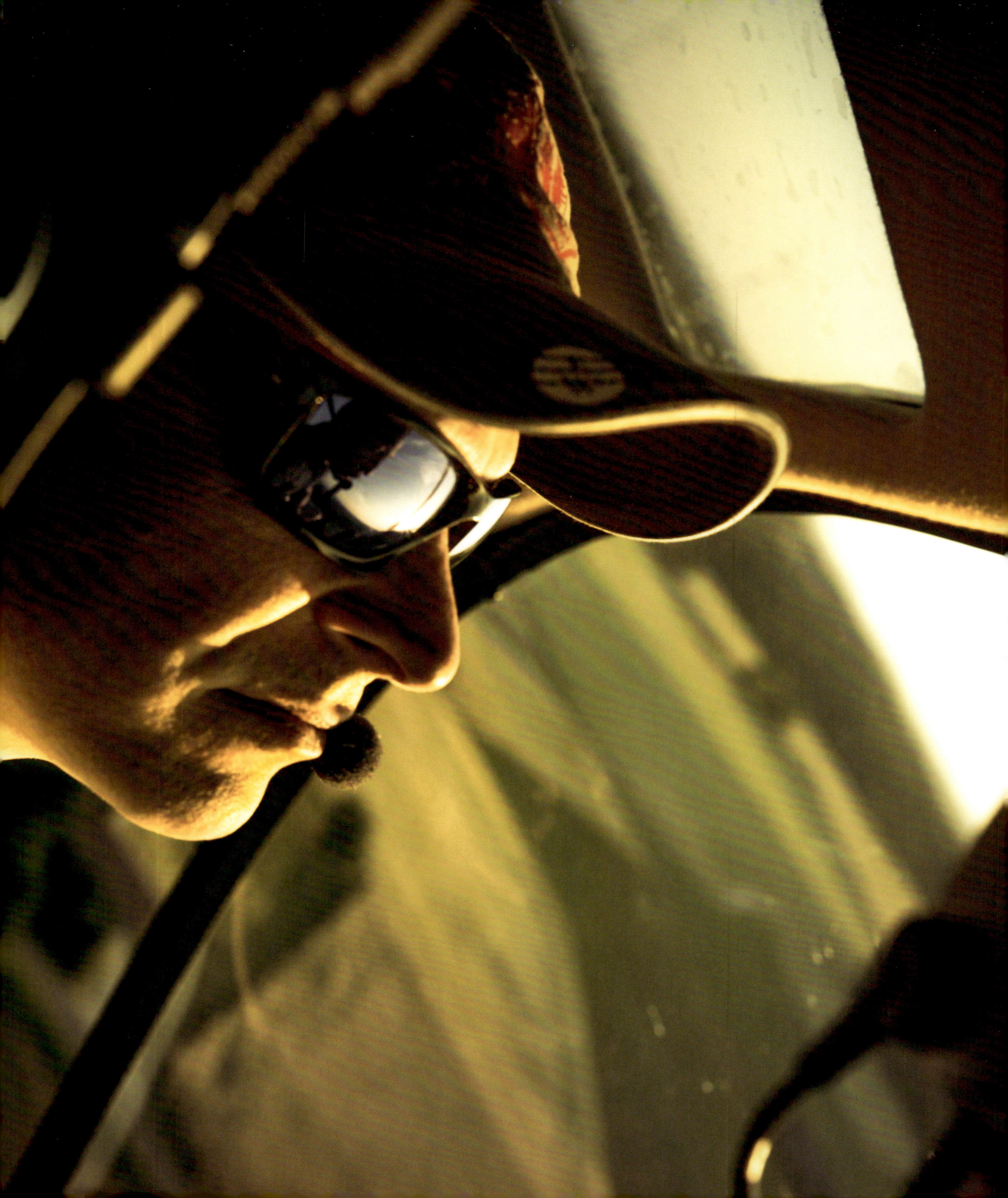

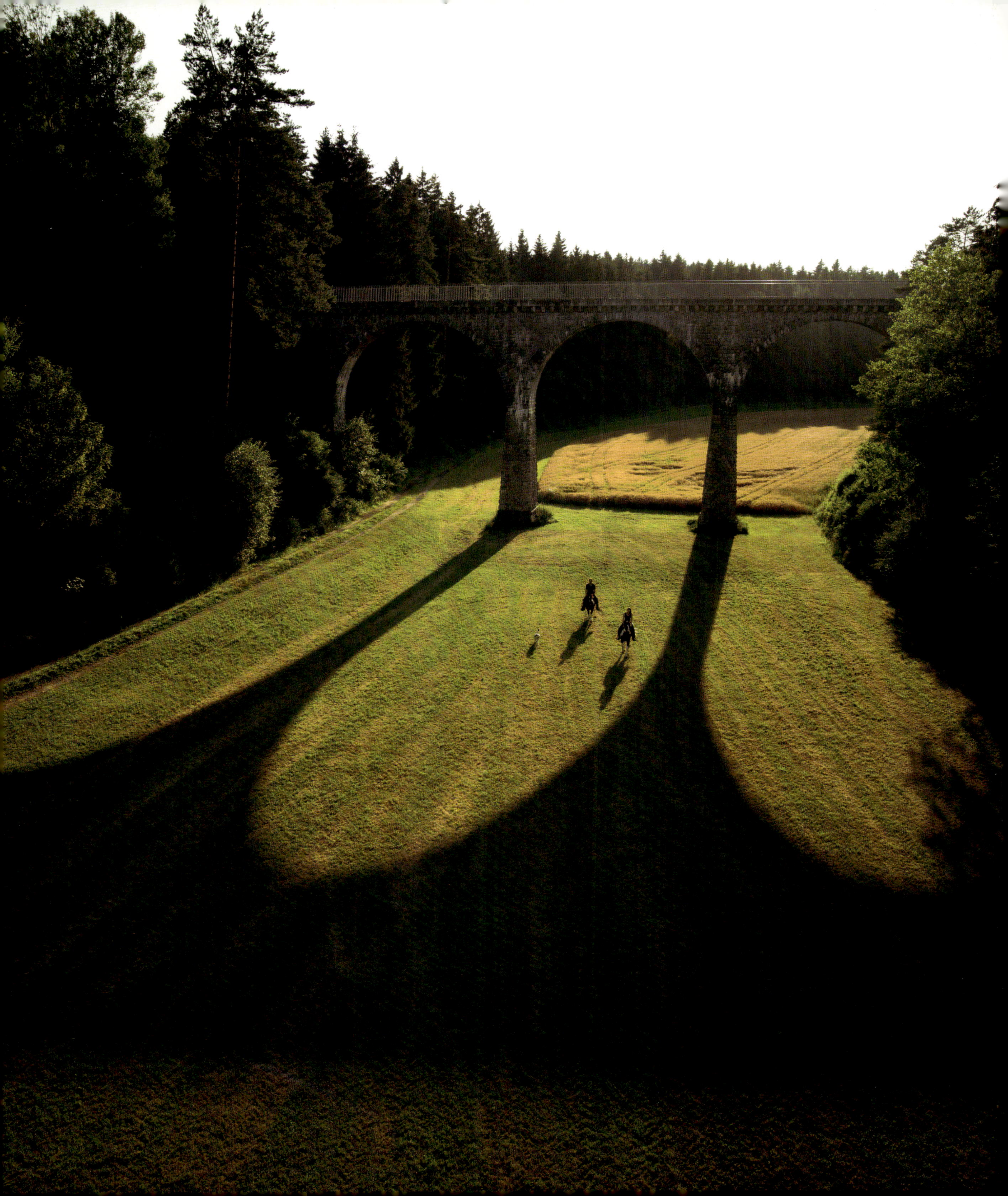

LEIENFELS

POTTENSTEIN

KIRCHENBIRKIG

Wiesen, Wälder und ein rollendes „R"

Und, tut euch schon der Hintern weh? Es gibt wohl keine Frage, die wir so häufig gestellt bekommen wie diese. Die ehrliche Antwort: abgesehen von kleinen Juckreizen bisher nicht. Allerdings schmerzt es dafür, gut zwei Wochen nach Abritt, an zahlreichen anderen Stellen des Körpers. Barbaras Knie ist geschwollen, weil sie einen Tritt abbekommen hat. Florians Rücken ist von seinem Sturz noch immer geschwollen, er muss ihn mehrmals im Krankenhaus punktieren lassen. Und Karins Knöchel sind gereizt, wovon ist nicht ganz klar.

Wir reiten durchschnittlich knapp 30 Kilometer am Tag, mal mehr, mal weniger, je nachdem, wie es gerade passt. Wie haben Herrscher wie Alexander der Große oder Dschingis Khan das früher nur geschafft, monatelang jeden Tag um die 100 Kilometer auf ihren Pferden unterwegs zu sein? Egal bei welchem Wetter, auch bei Wind und Regen. Kaum vorstellbar, wie die Welt heute aussähe, wenn sie nach 300 Kilometern über Schmerzen geklagt hätten. Also: nicht so angestellt und weitergeritten. Es gibt doch nichts Schöneres, als unter blauem Himmel durchs Land zu streifen, oder?

Na ja, mit dem guten Wetter ist das so eine Sache. Es führt nämlich dazu, dass wir losreiten, wenn es noch dunkel ist, und es einigen von uns schwerfällt, «Guten Morgen» zu sagen und es auch wirklich so zu meinen. Wir tun das, um vor der Mittagshitze am Zielort anzukommen und die Pferde so zu schonen. Vermutlich ist es nur den grellen Stirnlampen zu verdanken, dass Hannah und ich so früh nicht im Sattel eindösen. Andere euphorisiert die Kombination aus Morgentau, Stille und aufgehender Sonne hingegen – sie werden poetisch. Barbara rezitiert um vier Uhr morgens kurz hinter Dirnau Goethes Gedicht „Freisinn". «Laßt mich nur auf meinem Sattel gelten! Bleibt in euren Hütten, euren Zelten! Und ich reite froh in alle Ferne, über meiner Mütze nur die Sterne.» Nicht alle mögen Barbara in diesem Moment.

Garsdorf, Ursensollen, Königstein. Viele Wiesen, viele Felder, viele Wälder. In den Dörfern erinnern Kirchweihbäume daran, dass wir

Seite 64
Perspektivenwechsel: In Garsdorf verfolgt Florian unsere Tour das erste Mal vom Hubschrauber aus.

Seite 65
Erste Luftaufnahme: Karin und ich reiten unter einer alten Eisenbahnbrücke hindurch, nahe unserem Lager im oberpfälzischen Ursensollen.

Links
Leienfels oder Pottenstein? Ein verwittertes, gerade noch zu lesendes Schild weist uns den Weg – gut, dass wir unser Navi haben.

Die Burg von Burglengenfeld. Auf dem Felsen hinter der Naab thront eine der größten Festungsanlagen der Oberpfalz.

uns in einem katholischen Bundesland befinden. Ansonsten verschwindet die christliche Symbolik nach und nach. Am Wegesrand stehen nur noch selten Kruzifixe. Je flacher das Land, desto weniger verschnörkelt die Dörfer, so scheint es. Die mühevoll gedrechselten Balkone, die mit bunten Blumen bepflanzt weiter südlich an den Häusern hingen, sind verschwunden. Verputzte, blanke Sandsteinfassaden schauen uns an. Auf der Suche nach Kaffee werden wir immer wieder enttäuscht. Die Dörfer, durch die wir reiten, haben oftmals weder Kneipe noch Supermarkt. In Vilshofen fragt Barbara in einem Laden, über dessen Schaufenster „Lebensmittel und Bäckerei" steht, ob sie fünf Kaffees zum Mitnehmen haben könne. Die Antwort der Verkäuferin: «Um Gottes willen, nein.» Erwähnenswert: Wir reiten kurz hintereinander durch Haar und Lockenricht. Und: Aus dem Stall der Familie Rösl in Obermainshof schauen schwarz-weiß gefleckte Holsteinrinder – ein deutliches Zeichen dafür, dass wir auf dem richtigen Weg sind.

Das erste rollende R begegnet uns in Hetzendorf, kurz nachdem wir die A 9 auf einer schmalen Hängebrücke überquert haben. Eine Aufgabe, die die Pferde beeindruckend unbeeindruckt gelassen hat. Höhe und Motorenlärm entlockten ihnen nicht mal ein Zucken. Nun grasen sie auf einer Koppel. Wir sitzen auf der Terrasse unserer Gastgeber, einem jungen Paar, das sich gerade eine Pferderanch aufbaut. Sie haben uns zum Gulaschessen eingeladen, und dabei schwärmt der Mann von der guten Heuernte dieses Jahr in der Fränkischen Schweiz. Einige Landwirte in der Umgebung hätten sogar schon einen Teil an weiter südlich lebende Kollegen geliefert, deren Wiesen diesen Sommer vom Hochwasser überschwemmt worden seien.

Ein weiterer Rancher auf unserer Reise ist Hans-Georg Hohmann. Er reicht uns Limonade aus der Flasche. Bis er merkt, dass wir dafür einen Öffner brauchen, vergeht jedoch eine Viertelstunde. Es scheinen nicht viele Menschen vorbeizukommen, denen er aus seinem Leben erzählen kann. Ein Leben voller Spins, Rollbacks und

Frühaufsteherin Barbara befestigt eine Fliegendecke am Pferd. Die Morgenstimmung führt bei ihr dazu, dass sie um vier Uhr Goethe rezitiert.

Ausgestattet mit Stirnlampe, reflektierenden Westen und Halftern: Wir reiten los, lange bevor es hell wird, damit wir vor der Mittagshitze ans Tagesziel gelangen.

Slidingstops – Kunststücke des Westernreitens. Hohmann hat sich in Moritzreuth seinen Kindheitstraum von einer eigenen Ranch erfüllt. Sein Wilder Westen in Oberfranken. In einem Land, in dem mehr als 70 Prozent der Einwohner in Städten wohnen, obwohl diese nur etwa ein Drittel der Fläche ausmachen, ist genug Platz für verwirklichte Träume. Die Provinz nimmt Eigenbrötler wie Hohmann auf.

Bevor wir Bayreuth erreichen, laufen wir neben den Pferden. Lange Teerstraßen lassen uns keine andere Wahl. Auf die Dauer beansprucht die Kombination aus hartem Belag und unserer Last die Pferdegelenke zu stark. Deshalb steigen wir ab und führen sie. Mal wieder. Schweißtreibende Momente, die zu unserer Tour gehören. Wie anders ist es da, lange Strecken zu galoppieren. Wie vor ein paar Tagen, als wir zum ersten Mal über einen frisch abgeernteten Stoppelacker preschten. Der Gegenwind uns die Tränen aus den Augenwinkeln trieb. Der staubig-malzige Geruch, den wir dabei aufwirbelten, uns in die Nase stieg. Dieses unbeschreibliche Sommergefühl.

In Bayreuth wagen wir uns in die Eremitage, einen penibel geharkten Lustgarten, den zu Beginn des 18. Jahrhunderts ein Markgraf kultivieren ließ. Er liebte es, sich in ihm zu verlieren. Heute ist es unmöglich, sich hier der Gesellschaft zu entziehen, wir wurden ständig von auf dem Kiesweg knarzenden Walking-Stöcken oder grölenden Ausflugsgruppen gestört. Wir halten vor der Orangerie. Eine Lehrerin versucht, ihren Schülern etwas über Apollo, diese goldene Figur auf dem Dach, zu erzählen. Die Blicke der Schüler wandern aber nicht zur griechischen Gottheit, sondern zu Soloma, Rooh und Pepi. Arme Frau Lehrerin! Kurz darauf ist unser Ausflug in die Eremitage beendet. Ein Herr bittet uns, den Park auf direktem Weg zu verlassen. Morgen beginnen in Bayreuth die Wagner-Festspiele, da machen sich Pferdeäpfel im Vorgarten der Stadt nicht so gut. Dabei ist König Ludwig II., der große bayerische König, damals, im 19. Jahrhundert, bestimmt auch mit Pferden angereist – vermutlich in einer Kutsche.

Kuriose Namen in Deutschland: In der Oberpfalz reiten wir durch Pürschläg.
Kurz darauf liegen Haar und Lockenricht auf unserem Weg.

Eingebettet in die Idylle der Fränkischen Schweiz: unser Lager am Ortsrand von Hetzendorf.

Abends ist es so weit: Es regnet. Seit wir an der Zuspitze losgeritten sind, hat uns noch nicht ein Tropfen vom Himmel erreicht. Jetzt gewittert es. Netterweise hat uns unsere Gastgeberin, eine Pferdewirtin in Dressendorf, erlaubt, in einer kleinen Holzhütte gegenüber der Reithalle zu übernachten. Genau in dem Moment, in dem wir in unseren Schlafsäcken liegen, beginnt das Unwetter. Ich denke an unsere Pferde, die jetzt im Regen draußen auf der Koppel stehen. Wir alle sorgen uns ständig um sie. Sie sind unsere Partner, wir sind auf sie angewiesen. Was passiert, wenn sie sich jetzt vor einem Blitz erschrecken und im Zaun verheddern? Auch wenn Pepi ein Tier ist: Dadurch, dass ich jeden Tag auf ihm sitze und ständig mit ihm spreche, fühle ich mich immer enger mit ihm verbunden. Ich glaube, wir sind Kumpel. Dass er das auch so sehen könnte, habe ich vor Kurzem das erste Mal gedacht. Ich bin abgestiegen, um zu pinkeln, und er hat sich wie selbstverständlich neben mich gestellt und ebenfalls Wasser gelassen.

Am Morgen danach, der Himmel ist wieder hellblau, kommt der Hufschmied. Barbara hat ihn angerufen, weil ein Eisen an Sonnes hinterem linken Huf zu locker sitzt. Der Mann schaut kurz, zieht die Nägel und ersetzt sie durch dickere, fertig. Die Korrekturen erfolgen gerade noch rechtzeitig. Nach langem Dahintrotten über seichte Hügel begeben wir uns wieder auf anspruchsvollere Wege. Wir reiten bergauf ins Fichtelgebirge. Da Karin und Barbara die Ledersättel eingefettet haben, starten wir anders als sonst erst am frühen Abend. Eine völlig neue Erfahrung. Ein Fuchs läuft nur wenige Meter vor uns über den Weg, wohl ermüdet vom heißen Tag. Neben uns auf der Wiese hat sich ein Hase ausgestreckt, Haken schlagend rennt er davon, als er uns wahrnimmt. Langsam kühlt es ab. Die Atemwege öffnen sich und nehmen den süßlich-herben Geruch der Nadelhölzer auf. An nahezu jeder Weggabelung weisen Holzpfeile darauf hin, dass wir uns auf dem Jean-Paul-Weg fortbewegen. Der eigenwillige Schriftsteller, 1763 im nahe gelegenen Wunsiedel geboren, sei ein leidenschaftlicher Wanderer gewesen, heißt es auf einer Hinweistafel: «Ich kann mich

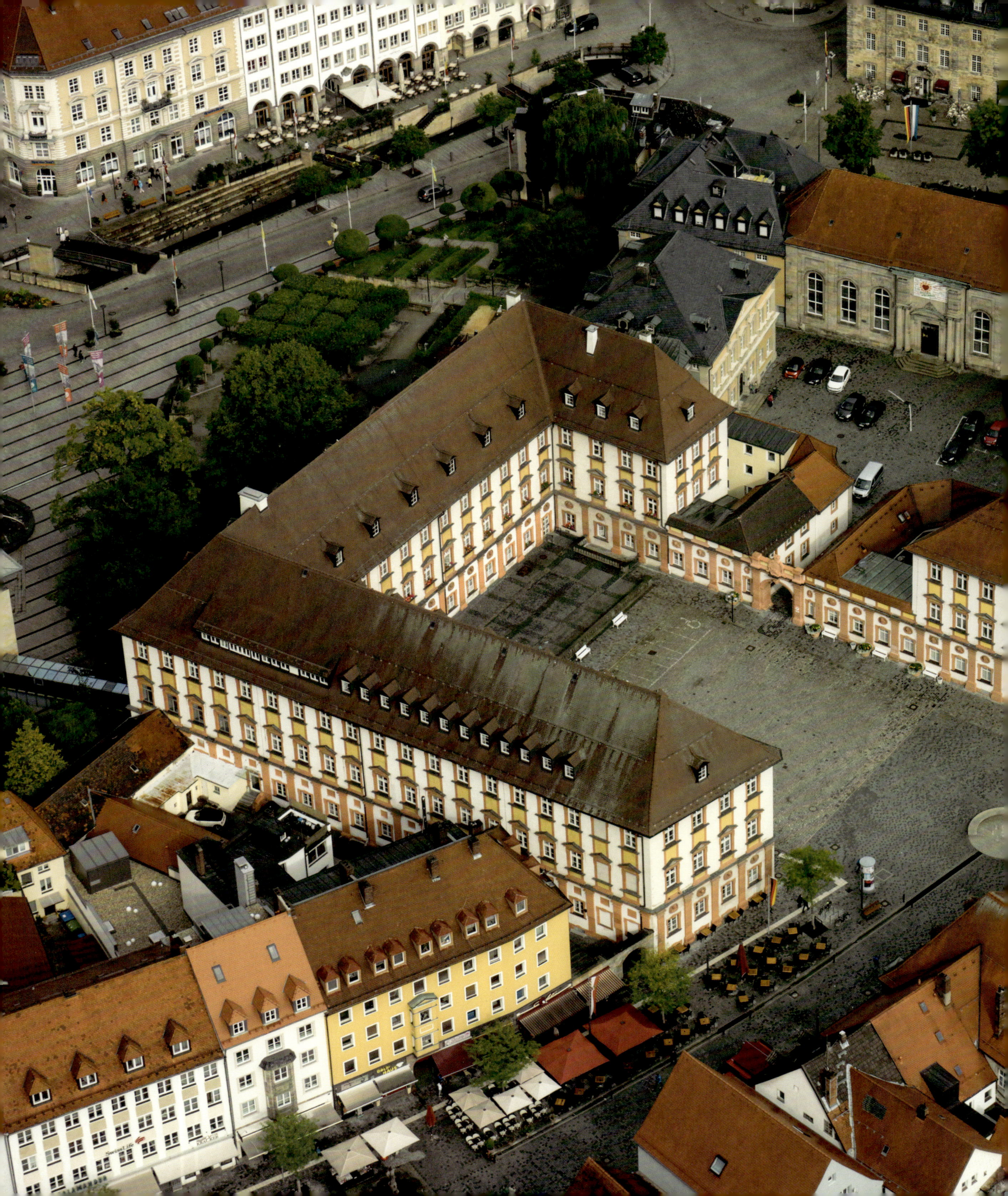

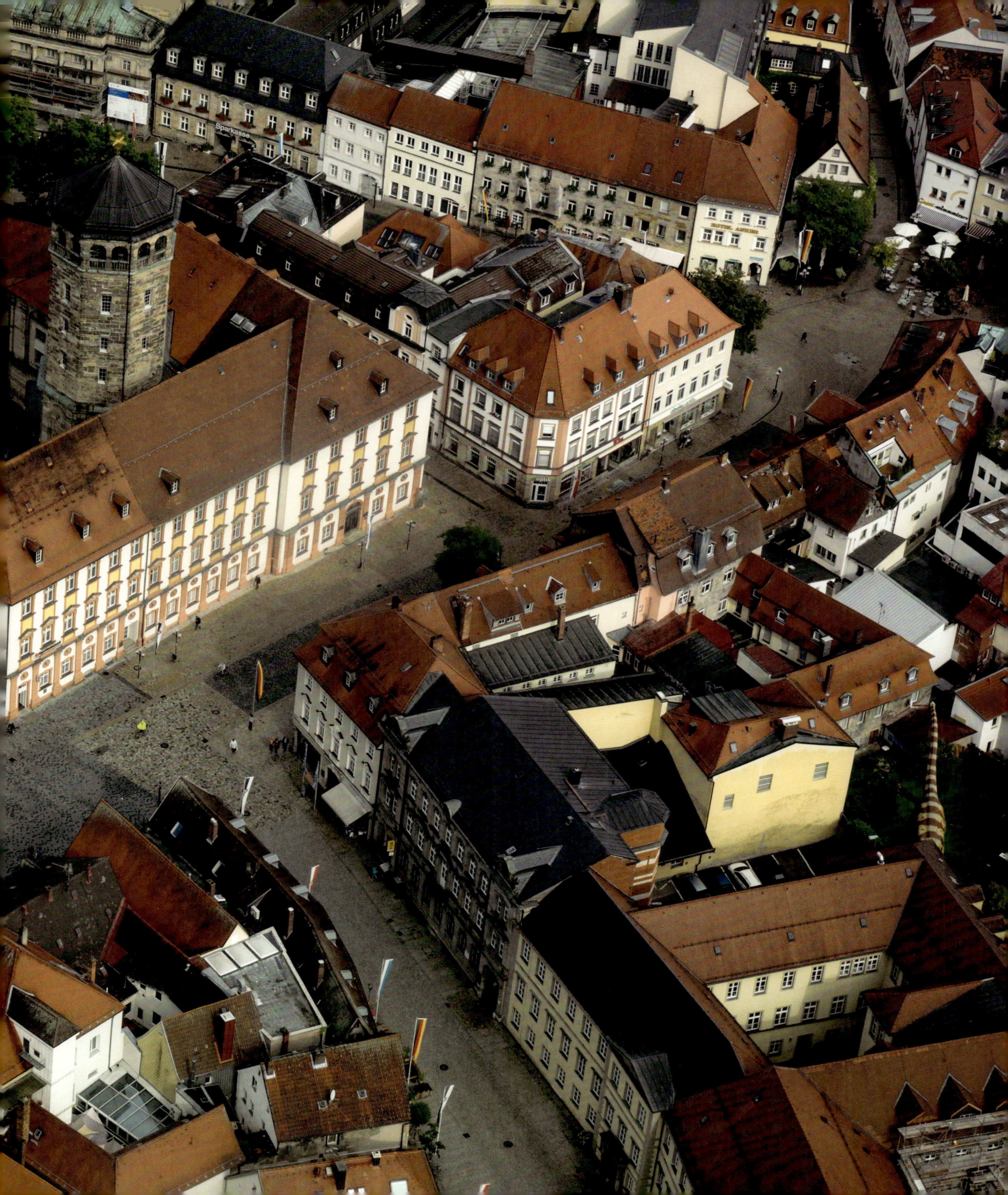
Sparkasse

Links
Ein typischer, einschläfernder Ausblick vom Pferderücken: geröllige Feldwege, die nicht enden wollen.

Rechts
In Bayreuth reiten wir in die Eremitage. Begeistern können wir Soloma und Rooh mit der Orangerie allerdings nicht.

Seiten 76/77
Florians Blick auf Bayreuth aus dem Helikopter. Mit den Pferden umreiten wir den Stadtkern, da wir einen Tag, bevor die Wagner-Festspiele beginnen, keine Pferdeäpfel auf dem Pflaster hinterlassen wollen.

nicht erinnern, dass ein einziger Gedanke in der Stube gefasst wurde, sondern immer im Freien». Geritten ist er auch. Allerdings nur ein einziges Mal. Spott und Gelächter waren so groß, dass er beschloss, in Zukunft «zu Fuß zu galoppieren». Wir bleiben im Sattel. Über weiche Kiesböden traben wir unserem Ziel entgegen: dem Waldsteinhaus, rund 800 Meter über dem Meeresspiegel gelegen. Als wir ankommen, verschwindet die feuerrote Sonne hinter den Baumwipfeln. Gerade noch rechtzeitig vor der Dunkelheit satteln wir ab und bauen die Zelte und Feldbetten auf.

In Hof, am Ufer der Saale, reiten wir in einen Wald aus Schildern. Wir treffen Klaus Beer, Paul-Breitner-Frisur, beigefarbenes, weit aufgeknöpftes Hemd, rote Brille. Seit 1999 hängt der Künstler auf einem etwa 20 mal 20 Meter großen Platz Ortsschilder übereinander auf Pfähle. Er will so ein Zeichen für Völkerverständigung setzen. Die Welt, projiziert auf einen kleinen Fleck oberfränkischer Erde. Grüne, blaue und gelbe Bleche hängen im Fernwegpark übereinander. Washington D.C., Bangkok, Melbourne, Dschidda, Berlin, Tunis – erfasst man nacheinander die Schilder, legt sich ein ziemlich verworrenes Wegenetz

Fortsetzung auf Seite 91

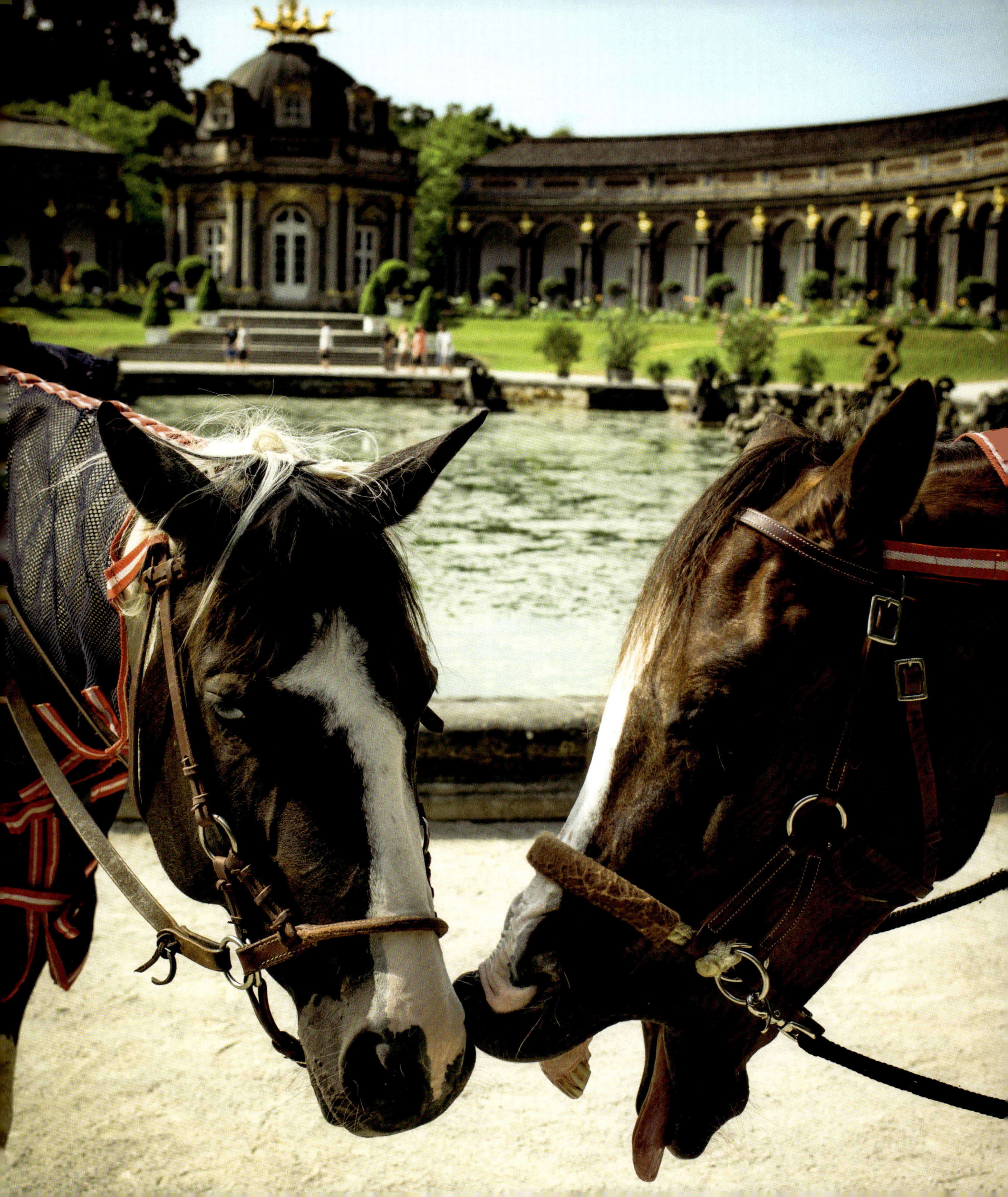

Da ist sie, die Poesie der Morgenstunde. Nach und nach überträgt sich ihr Zauber von Barbara auf die gesamte Gruppe.

Das Gold der Abendstunden: Wie ein verglühendes Ufo zeichnet sich der untergehende Mond am Horizont ab.

Seiten 82/83
Über den Wolken: Bad Berneck im Fichtelgebirge.

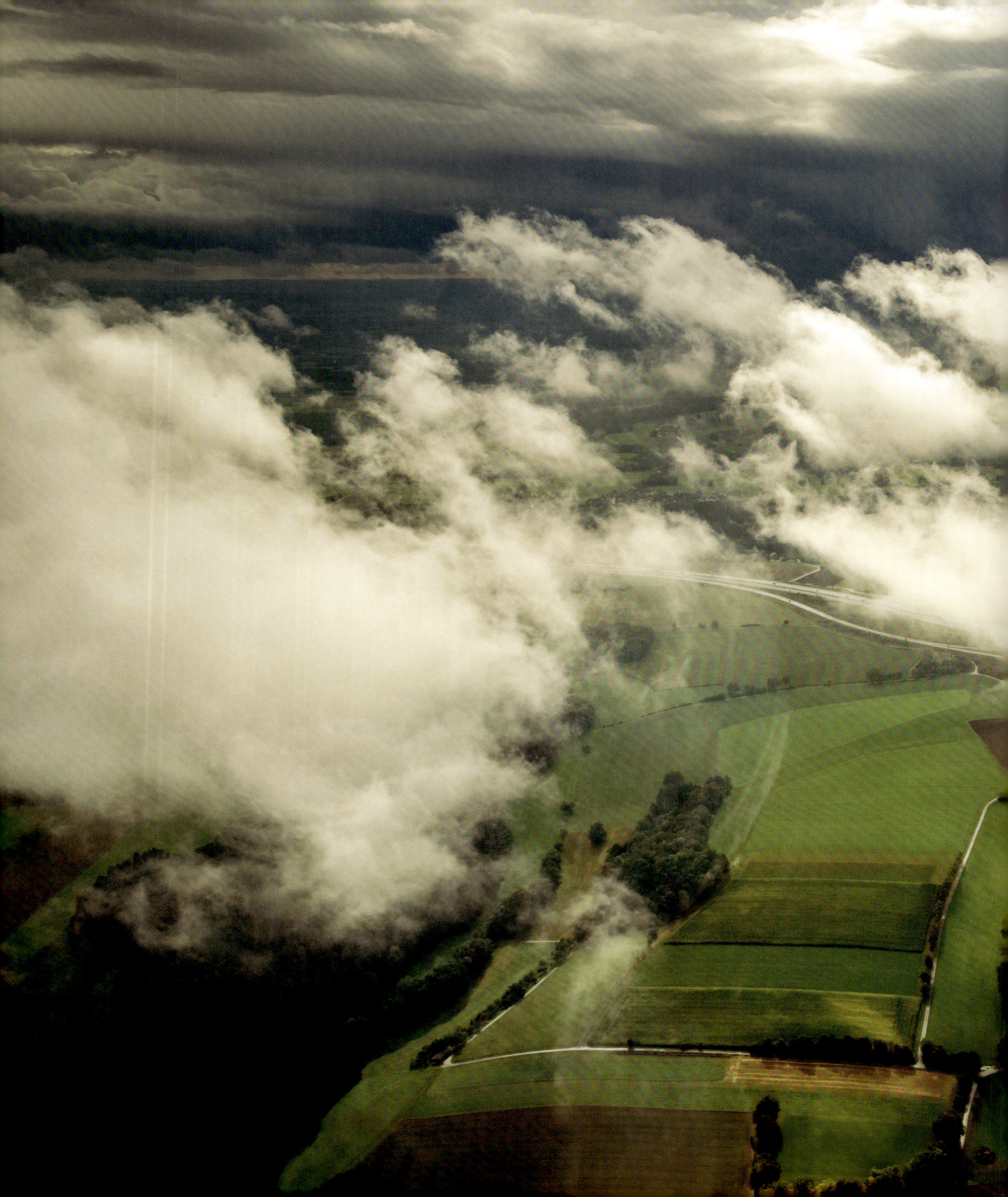

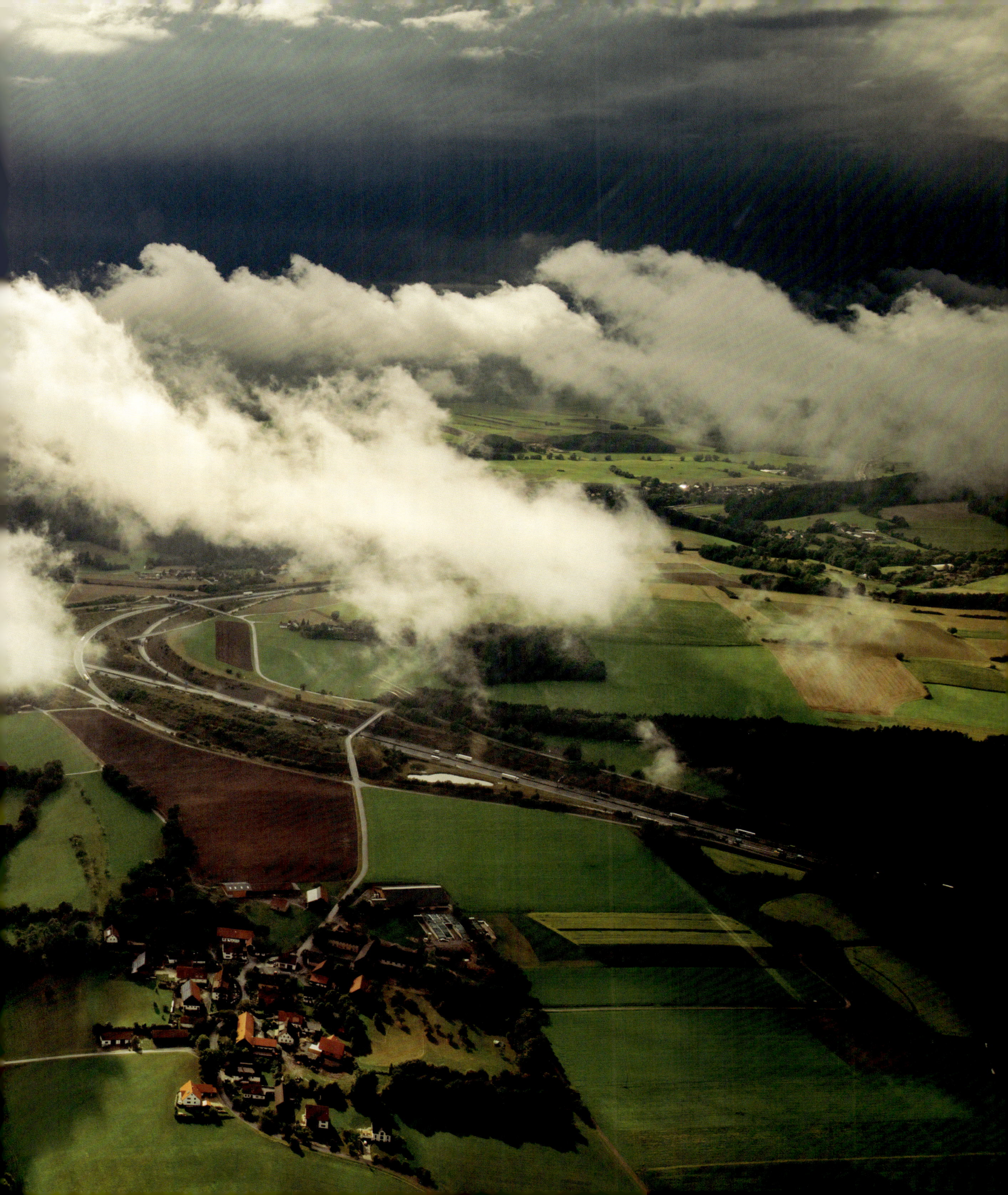

19.7.2013

Dirnau-Garsdorf, 32 km (40 Grad heiß)

Heute Abend bekommen wir Besuch von Marcus Aulfinger und seinen Kindern. Er nimmt mich zum Fotografieren in seinem Hubschrauber mit. Noch vor dem Abendessen machen wir Luftaufnahmen. Das Licht ist perfekt, die Stimmung hervorragend. Der Perspektivenwechsel ist ein wichtiger Bestandteil meines Konzepts. Ich möchte auf diese Art Deutschland in seiner Vielseitigkeit zeigen und bin selbst überrascht, wenn ich erkenne, dass ein Wald, in dem wir uns verirrt haben, von oben ganz überschaubar und strukturiert wirkt. Zum Abendessen gibt es Gegrilltes an Bier und Wein. Yves, der die Luftaufnahmen mit seiner Drohne unterstützt, zückt seine Gitarre und spielt. Die Stimmung könnte kaum besser sein. Wir gehen recht früh schlafen, um morgen fit für einen weiteren Flug zu sein.

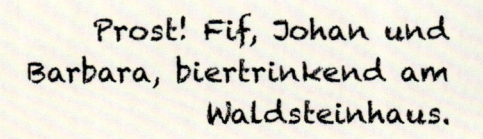

Prost! Fif, Johan und Barbara, biertrinkend am Waldsteinhaus.

Oben links
Klaus Beers Fernwehpark
in Hof.

Oben rechts
Tankstopp mit Helikopter.
Ganz schön teuer!

Mitte links
Eine unglaubliche Stimmung! Barbara
und Johan morgens an der Saale.

Unten rechts
Kurz nach dem ersten Abheben: unser
Lager in Garsdorf.

• Rittergut Positz

■ Hof Karolinenfield

Hof • Fernwehpark

■ Waldsteinhaus

• Bayreuth/Eremitage

■ Moritzreuth

■ Hetzendorf

■ Garsdorf

Oben
Blika kann es mal wieder kaum erwarten, dass es losgeht.

Mitte
Wenn es doch immer so einfach wäre: Die Pferde trinken nebeneinander aufgereiht.

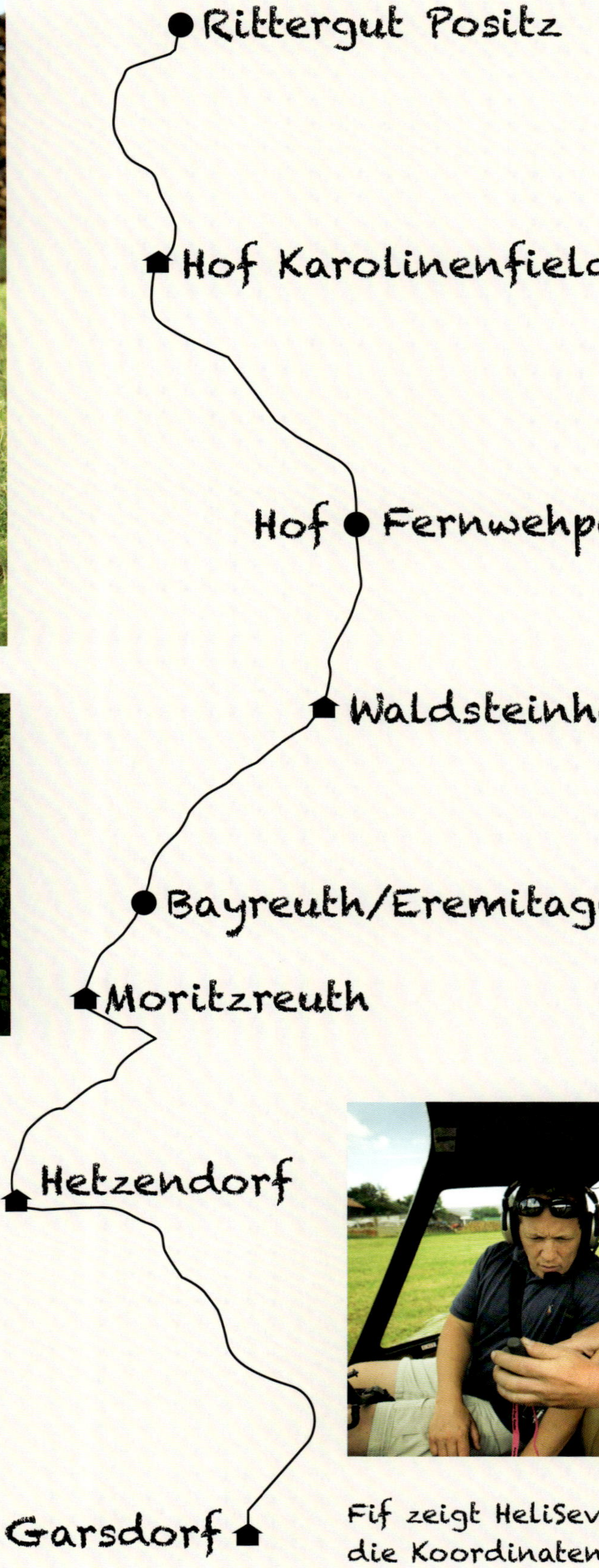

Fif zeigt HeliSeven-Chef Marcus die Koordinaten unserer Route.

Janis ist mal wieder dabei und sichtet Drehorte.

Hannah entspannt sich auf Solomas Rücken.

Karin und Hannah in der Eremitage.

Tresenbekanntschaft: im Saloon von Hans-Georg Hohmann in Moritzreuth.

Oben links
Pause an der Fattigsmühle.

Mitte rechts
Koppel bei Moritzreuth.

Unten rechts
Stillgehalten, mein Freund!
Barbara duscht Pepi ab.

Oben
Der Ort, an dem die Kaffeemaschine
kaputtging: Frühstück im
thüringischen Karolinenfield.

Oben links
Das Hufeisen als Glücksbringer –
bisher hat es sich bestätigt.

Oben rechts
Rast kurz hinter der bayerisch-
thüringischen Grenze in Saalburg.

Oben
Pepis Schnauze – mehr als
ein Dreitagebart.

Links
Man weiß ja nie. Falls uns
nachts doch mal ein Regen-
schauer überraschen sollte,
bedecken wir unsere Satteltaschen mit einer Plane.

Brot aus dem Holzbackofen: Eben noch bahnten wir uns am Ufer der Saale einen Weg durchs Gestrüpp, jetzt strömt uns himmlischer Duft aus einer offenen Tür entgegen.

über den Erdball. Mir wird bewusst, wie langsam wir unterwegs sind. In der Zeit, in der Flugzeuge den halben Globus umrunden, umreiten wir gerade einmal die Fläche eines Großflughafens. Wälder, Wiesen und dazwischen immer wieder Landstraßen. Stundenlang trotten wir auf ihnen dahin, links und rechts Felder, hin und wieder ein Baum. Wir verfallen zunehmend in einen traumwandlerischen, weltentsagenden Bewusstseinszustand. Drei Fragen, die man uns nicht stellen darf: Welcher Tag ist heute? Woher kommt ihr? Wohin wollt ihr? Der Einzige, der sie zuverlässig beantworten kann, sitzt in einem Auto: Fif, der treue Begleiter.

Am nächsten Morgen, nach der Nachtruhe auf einer Hofer Reitanlage, zeigt Barbara mal wieder ihre unfassbare Frühform. Sie denkt schon um sechs Uhr ans Abendessen und pflückt am Wegesrand Kräuter. Schafgarbe, Rotklee, Thymian. Dieses Mal allerdings gelingt es ihr, die Poesie der Morgenstunden auf uns alle zu übertragen. Links neben uns dampft die Saale, vor uns schimmern die ersten Sonnenstrahlen zwischen violetten Blumen. Ein bildungsbürgerlicher Gedanke in wilder Natur: An genau solche Bilder muss Edvard Grieg gedacht haben, als er seine Suite „Morgenstimmung" komponierte, auch wenn es unwahrscheinlich ist, dass der norwegische Komponist auf seinen Reisen je durchs Oberfränkische wandelte.

Eine Weile sind wir damit beschäftigt, uns einen Weg durch wucherndes Gestrüpp zu bahnen. So bemerken wir erst, als wir bereits vor der offenen Tür eines weißen Hauses mit braunem Fachwerk stehen, was für ein göttlicher Geruch uns entgegenströmt. Das Dickicht hat sich überraschend aufgelöst und den Hof einer alten Mühle freigegeben: die Fattigsmühle. Wir steigen ab und schauen durch die Tür. Ein Mann zieht mit einem Holzschieber Brotlaibe aus einem Ofen und legt sie auf ein Regal, ein anderer bestreicht sie mit Wasser. Zögernd stellen sie sich als Harry und Albrecht vor. Sie scheinen es nicht sonderlich zu mögen, bei ihrer Arbeit beobachtet zu werden. Frage unsererseits: Wonach duftet es? «Natursauerteig mit Koriander,

So würde Barbara es gern häufiger sehen: die Sättel,
ordentlich hintereinander aufgereiht auf unseren Bierbänken.

Bolognese nach Kolb'schem Hausrezept: Auf der Anlage
des Reit- und Fahrvereins Hof kocht Fif für uns, mal wieder.

Müde? Wäre der weiche Boden nicht was für einen Trab oder
Galopp? Im Mischwald bei Dirnau im Landkreis Schwandorf.

Trinken mit lebender Einlage: Sonne, Soloma, Mandy und Rooh dringen ins Territorium eines Goldfischs ein.

Kümmel und Fenchel», verrät Harry. «Bleibt eine Woche frisch», ergänzt Albrecht. Es ist, als wären wir durchs Gestrüpp in eine andere Zeit gestolpert, in eine, in der Nahrung noch in kleinen Handwerksbetrieben hergestellt wurde und nicht in Fabriken. Wurst direkt vom Metzger und Brot vom Bäcker – in Städten ist das eher selten geworden, auf dem Land hingegen noch möglich.

Servus Bayern. Kurz vor Schnarchenreuth biegen wir gen Norden auf einen Feldweg. Und über eine schmale, blaue Brücke lassen wir den Freistaat nach drei Wochen über die Saale hinter uns. Was bleibt? Es fällt leicht, mit den Bayern ins Gespräch zu kommen. Selbstbewusst, eigenwillig und offenherzig, so haben wir sie erlebt. Zu Recht stolz auf eine vielfältige, oftmals traumhafte Landschaft. Allerdings: Auch in ihrem reichen Bundesland gibt es strukturschwache Räume, in denen wir tagelang reiten mussten, um eine Wirtschaft zu finden – was natürlich auch an unseren Routen, abseits der Hauptstraßen und größeren Städte, liegen kann.

Die ersten drei Tage in Thüringen: mit Schieferplatten bemützte Häuser, riesige, navigatorisch herausfordernde Weizenfelder, ein Stück Stachelbeer-Baiser-Torte für einen Euro und 35 Cent. Wir Reiter haben uns von unseren Blessuren langsam erholt, dafür machen sich jetzt anderswo die Strapazen der Reise bemerkbar. Problem Nummer eins: Sonne, die alte Pferdedame, lahmt, und Mandy frisst schon seit Tagen nicht mehr richtig. Nachdem wir unser Lager in Karolinenfield aufgebaut haben, beschließen Barbara und Karin deshalb, den Pferden ein bisschen Entspannung zu gönnen: Sie geben ihnen Bier zu trinken. Wie viele Flaschen sie pro Pferd öffnen, wollen sie nicht verraten. Problem Nummer zwei: Am nächsten Morgen am Frühstückstisch fällt unsere Runterdrück-Kaffeekanne auseinander. Ein Gerät, das erfahrungsgemäß über Jahre zuverlässig seinen Dienst erfüllen kann. Gut, dass wir die nächsten zwei Nächte auf dem Rittergut Positz verbringen. Hier gibt es nicht nur richtige Betten, sondern auch eine Kellnerin, die Cappuccino serviert.

Unterwegs von Hof nach Tiefengrün. An unserem letzten Reittag in Bayern zeigt sich der Freistaat von seiner Sonnenseite.

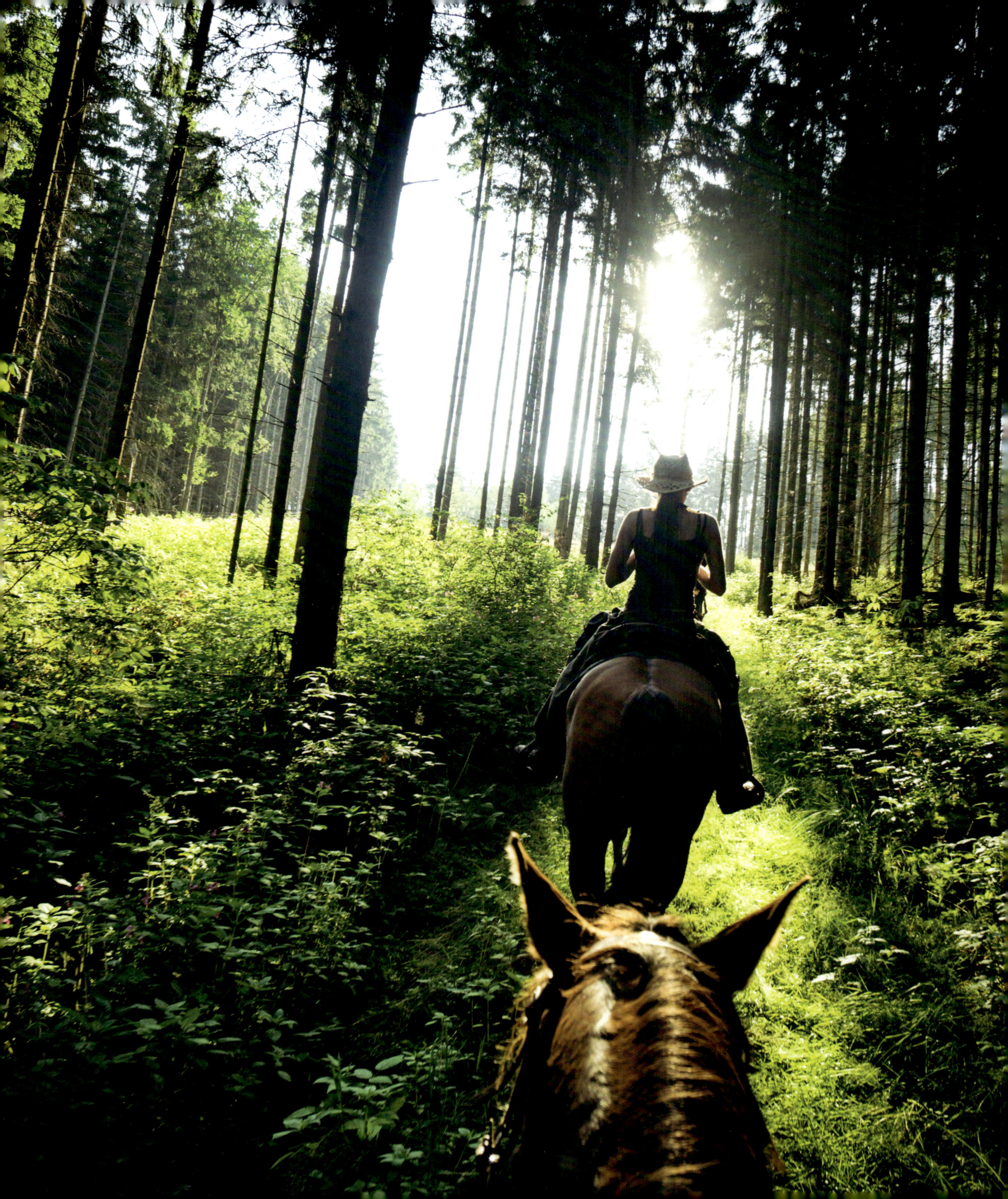

ÜBER DIE MAUER GEBLASEN

Die Cousins Günter und Franz Kothmann leben nur gut vier Kilometer auseinander, kommuniziert haben sie lange aber nur mit einer Trompete und einem Bettlaken. Eines von vielen Schicksalen an der innerdeutschen Grenze.

Es dauert einen Moment, bis Günter Kothmann den Platz gefunden hat, von dem aus er in ein anderes System trompetet hat. Hilfesuchend schaut er sich zu Thea Kothmann, seiner Ehefrau, um. Sie zeigt neben einen Apfelbaum. Da vorn, sagt sie, müsse es gewesen sein. Also stellt sich der schmächtige Mann an diese Stelle auf dem Feldweg, weniger als einen Kilometer entfernt vom oberfränkischen Tiefengrün, und bläst in sein Instrument. Aus Kothmanns Trompete dringen allerdings nur kurze Gurgellaute. Viel zu schwach, um ans andere Ufer der Saale nach Hirschberg vorzudringen. Mit seinen 82 Jahren hat der Pensionär nicht mehr genug Luft, um das Tal zu überbrücken. Er muss es aber auch nicht mehr.

Wenn Günter Kothmann heute für die Hirschberger musizieren möchte, kann er über eine Brücke zu ihnen fahren oder sie zu sich einladen. Lange Zeit war genau das nicht möglich. Unten im Tal, entlang der Saale, verlief bis 1989 die innerdeutsche Grenze. Ein schmaler Streifen, der große Ideen auseinanderhalten sollte: Kommunismus von Kapitalismus, Planwirtschaft von Marktwirtschaft. Mit Beginn der sechziger Jahre wurde Hirschberg von den Orten auf der anderen Saale-Seite getrennt, von Tiefengrün, Rudolphstein und Berg – Familien, Freunde und Geliebte wurden auseinandergerissen. Für Günter Kothmann, den ehemaligen Angestellten eines Automobilherstellers, hieß das, dass der Kontakt zu seinem Cousin Franz Kothmann abbrach, obwohl der nur gut vier Kilometer entfernt von ihm lebte.

Wollte Günter den Franz besuchen, musste er umständliche Visa-Anträge stellen, die dann meistens doch abgelehnt wurden. Telefonierte er mit ihm, musste er davon ausgehen, von der Stasi abgehört zu werden. Was ihm blieb, war seine Trompete. Seit Kindestagen spielte Günter Kothmann im Bläserchor der Kirchengemeinde Berg und leitete ihn später

So war das damals: Franz Kothmann und seine Frau Hannelore auf ihrem Balkon in Hirschberg – mit Bettlaken und Fernglas.

Grüße aus dem Westen. Günter Kothmann versucht, wie einst von Tiefengrün aus durchs Saale-Tal zu musizieren.

Seiten 100/101
Acht Uhr morgens, kurz nachdem wir über die Saale von Bayern nach Thüringen geritten sind: Ritt durchs Weizenfeld.

für viele Jahre. Gemeinsam mit den anderen Musikern kam ihm die Idee, Konzerte für die Hirschberger, drüben in der DDR, zu geben. Ihre Töne ließen sich nicht von Grenzsoldaten kontrollieren und verfingen sich auch nicht im Stacheldraht.

Von den Sechzigern bis in die späten Achtziger blies Kothmann jedes Jahr in der Adventszeit mit seinem Chor über die Grenze. Sie spielten christliche Weihnachtslieder, solche wie „Oh du fröhliche" oder „Stille Nacht". Blecherne Grüße zum Fest der Liebe. Eine ihrer drei Bühnen dafür war der Feldweg bei Tiefengrün, an der Stelle neben dem Apfelbaum, dort, wo Günter Kothmann heute nicht mehr die Kraft findet, durch das Tal zu blasen.

Damals, während der Teilung, kamen die Töne an. Das konnte Günter Kothmann sogar sehen. Sein Cousin und dessen Ehefrau Hannelore standen stets auf dem Balkon ihres Einfamilienhauses und winkten mit einem Bettlaken. Ein winziges weißes Knäuel am anderen Ufer, mehr Reaktion war nicht möglich. Die Staatsmacht der DDR bestrafte Westkontakt hart. Die Kothmanns bekamen mehrmals mit, dass Mitbewohner aus Hirschberg in andere Teile des Landes umgesiedelt wurden, nur weil sie unerlaubt mit dem Klassenfeind von drüben kommuniziert hatten. Wenn sie die Bläser auf dem gegenüberliegenden Hügel entdeckten, taten sie deshalb so, als würden sie ihre frisch gewaschene Wäsche ausschütteln.

Es sei schön gewesen zu spüren, dass sein Cousin an ihn gedacht habe, sagt Franz Kothmann, heute 70, bei Kaffee und Eiskonfekt unter der orange gestreiften Markise seines Balkons sitzend. Obwohl er mit Kirchenliedern eigentlich nicht viel anzufangen wüsste, hätten sie ihn damals aufgewühlt. In solchen Momenten sei es egal, welche Musik gespielt werde.

99

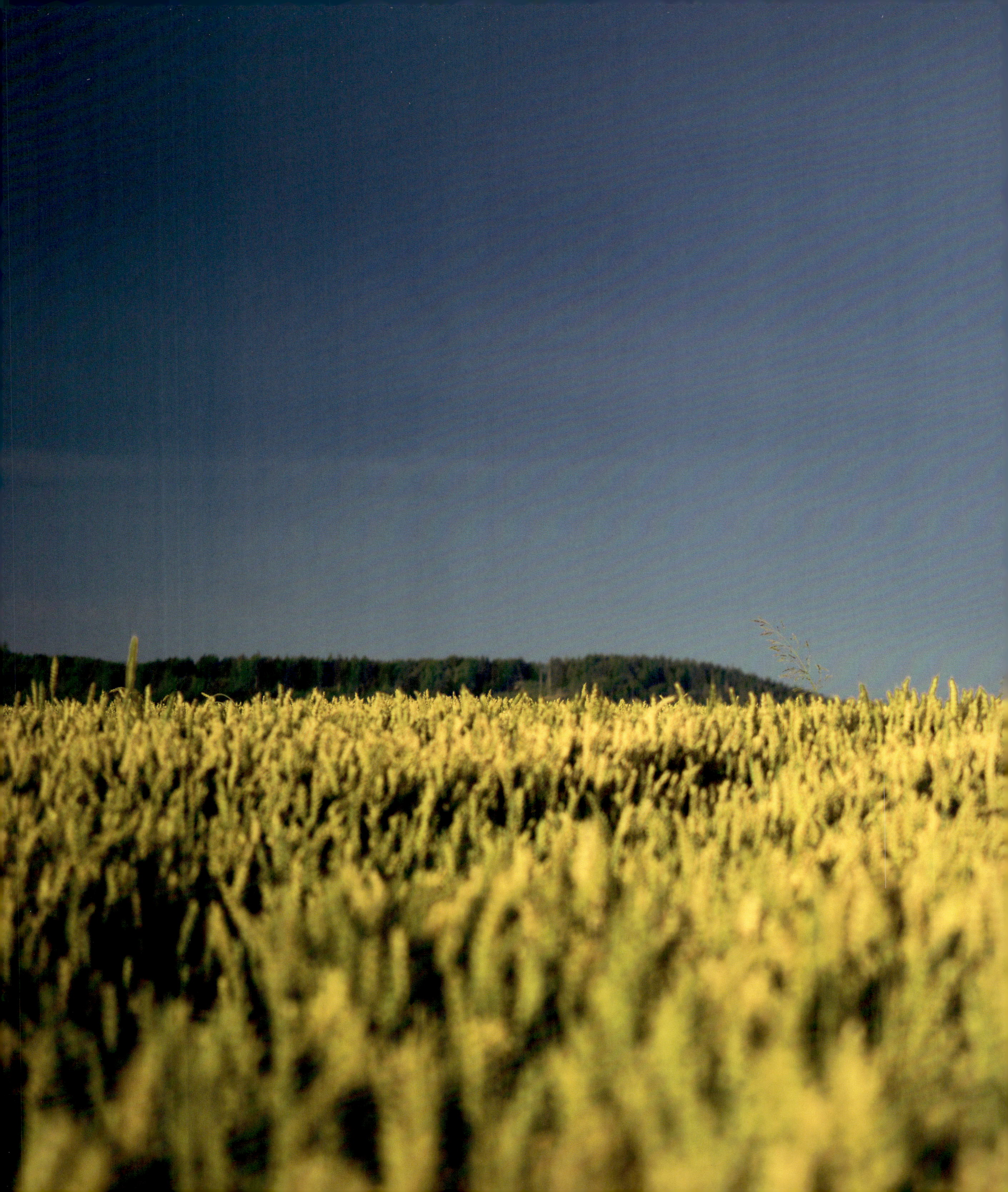

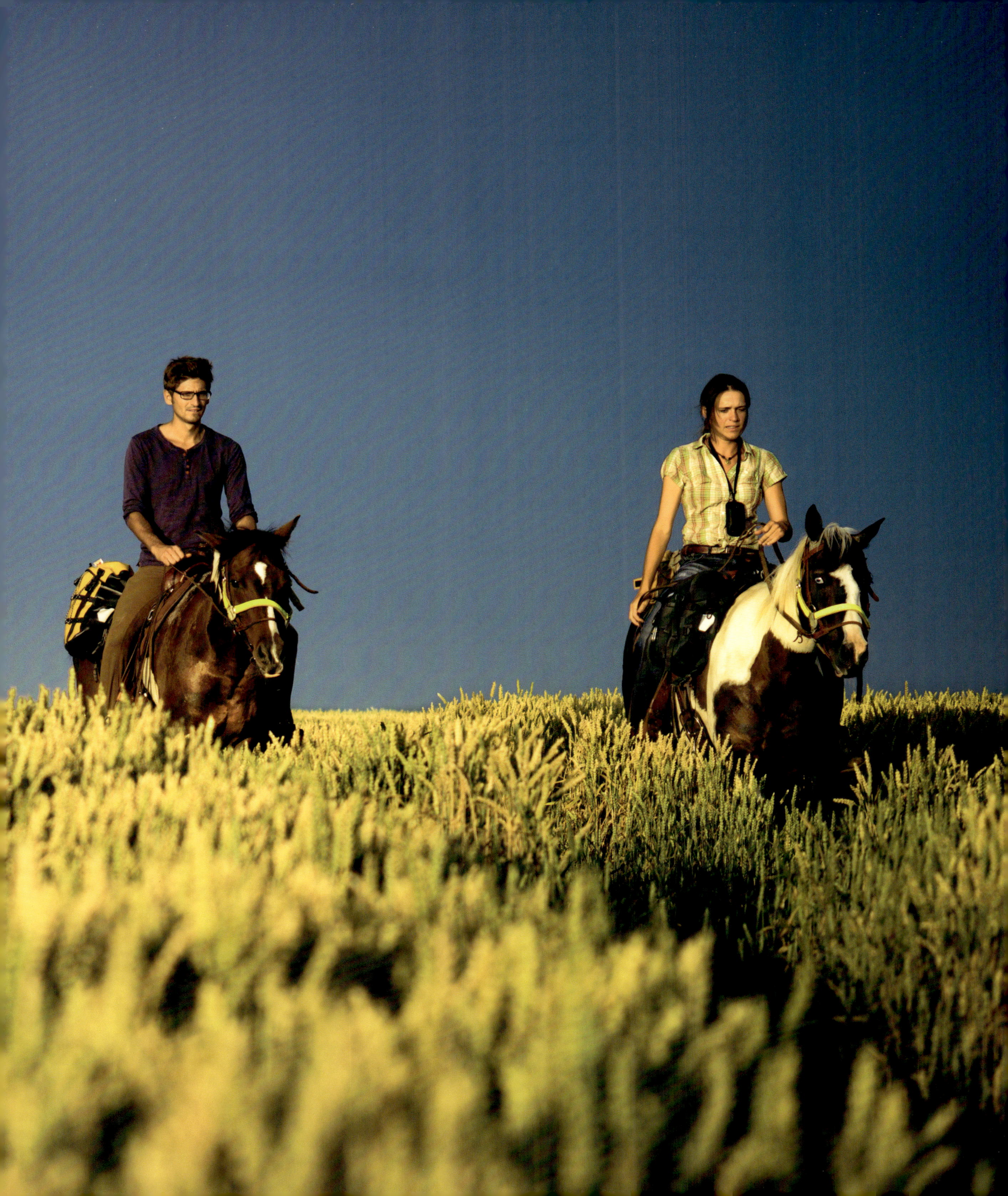

VON DICHTERN UND CAMPERN

Gedenktafeln, Büsten, Statuen – in Weimar wissen wir vor historischen Spuren zunächst nicht, wohin. Am Geiseltalsee übernachten wir zwischen Wohnmobilen und schauen auf eine Natur, die bis vor Kurzem noch keine war.

Oben
Endlich! In einem Café in Weimar essen wir den ersten Erdbeerkuchen, obwohl die Erntezeit für die Früchte schon fast vorüber ist.

Rechts
Bad Berka, ein Kurort an der Ilm kurz vor Weimar, der es durch sein städtisches Krankenhaus zu Wohlstand gebracht hat.

Oben links
Bitte nicht einschlafen! Soloma und Pepi kraxeln einen Hang hinauf, und man sieht ihnen an, dass sie jetzt lieber etwas anderes täten.

Oben rechts
Da, wo die Pferde planschen, begann früher ein Tal, in dem Braunkohle abgebaut wurde: der Geiseltalsee, etwa 40 Kilometer westlich von Leipzig.

Oben Mitte
Zugfahrzeug mit Anhänger. Fif, mit 256 Pferdestärken unterwegs von einem Lager ins nächste.

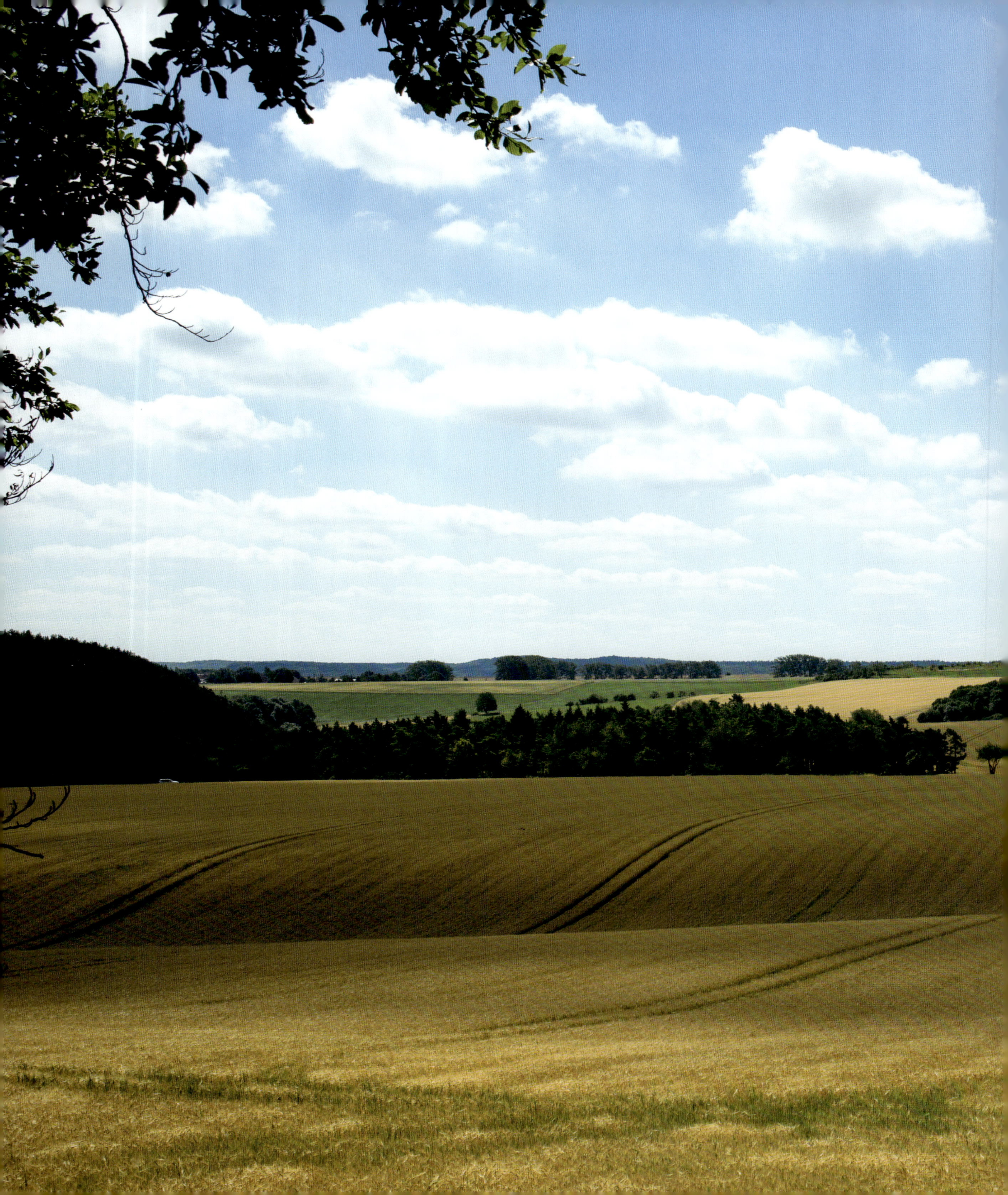

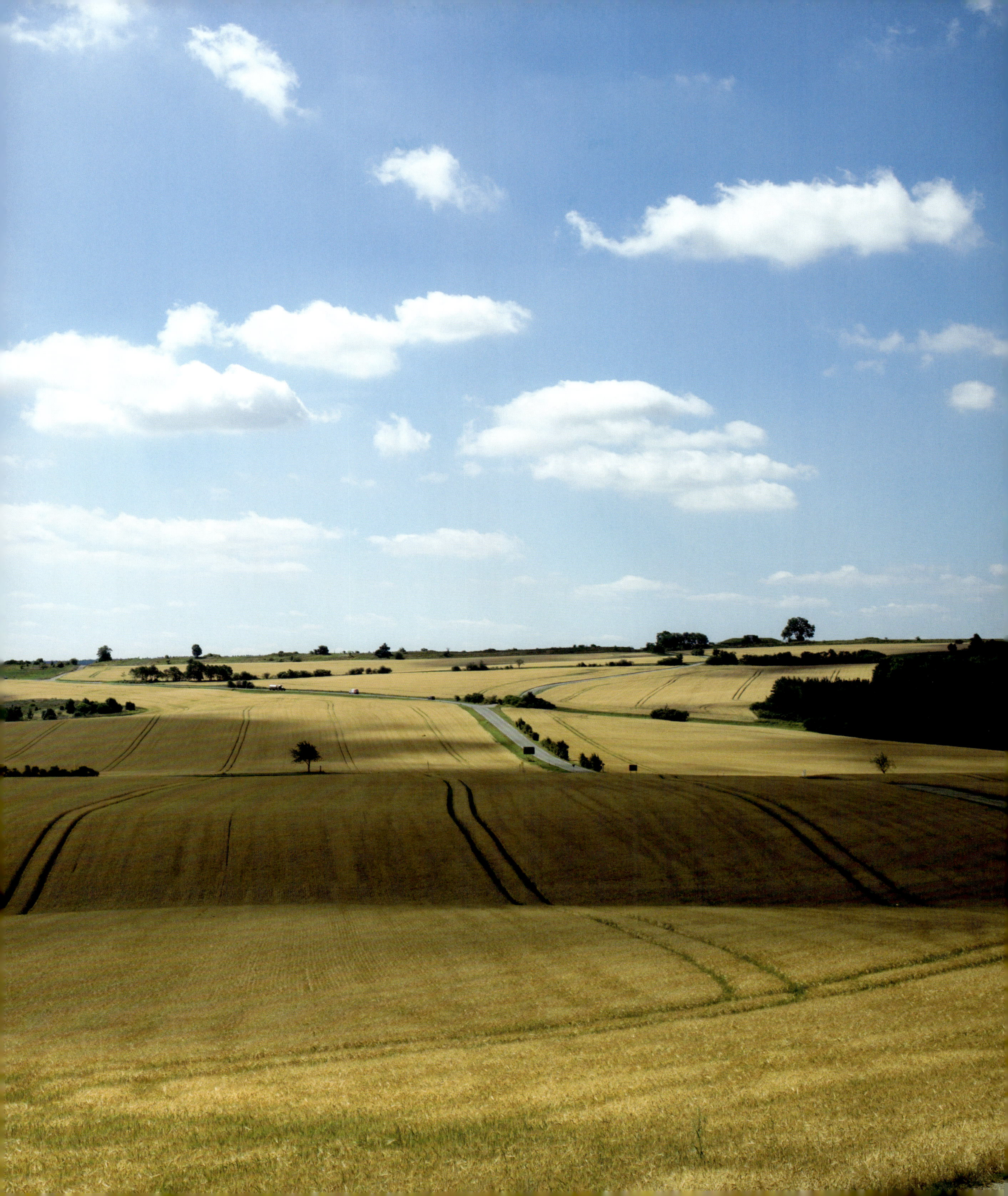

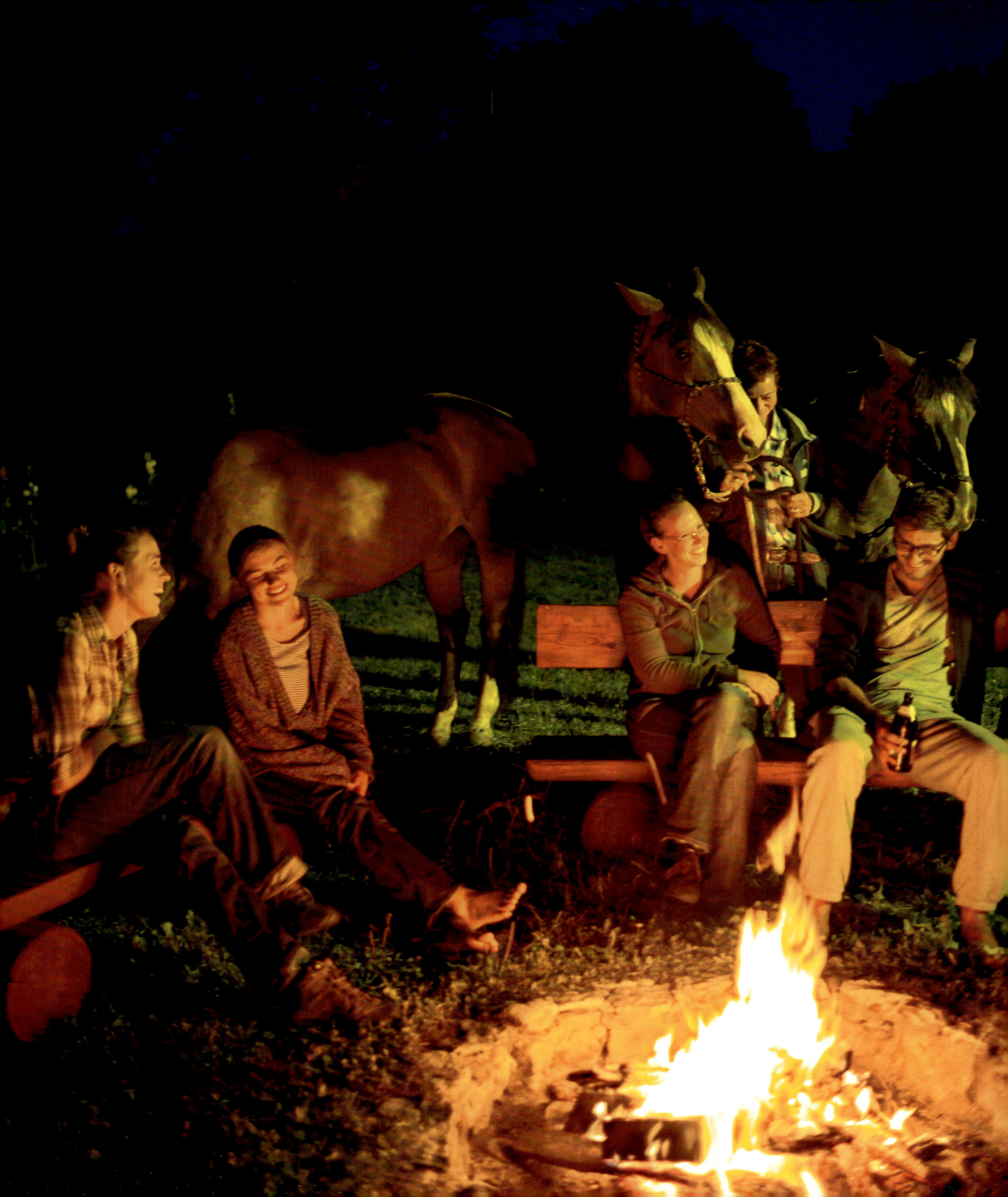

Mit neuen Eisen durch Weimar

Kurz hinter Großkröbitz brechen die ersten Eisen. Mehr als drei Wochen haben sie gehalten, von den Ostalpen bis in den thüringischen Saale-Holzland-Kreis, jetzt lösen sie sich im Galopp gleich bei zwei Pferden: Erst verliert Rooh eines, dann Mandy. An einen Hufschmied ist hier, auf weiter Flur, nicht zu denken. Barbara und Florian entfernen gemeinsam die übrig gebliebenen Teile von den Hufen. Florian hält das Pferdebein auf, Barbara zieht mit einer Zange das Eisen vom Huf. Dann stülpen sie Rooh und Mandy Hufschuhe aus Plastik über.

Der Weg nach Weimar führt über Geröllwege, die sich in sanften Wellen durch die Landschaft ziehen. Eine Landschaft, die an den Huggelkuchen erinnert, den uns Frau Schorcht gestern in Großkröbitz serviert hat. Ihre thüringische Blechspezialität aus Mehl, Öl, Eigelb und Rum entwickelt im Ofen eine ähnliche Oberfläche wie die, die nun vor uns liegt. Auf und Ab. Auf und Ab. Auf und Ab. Der Unterschied zwischen gestern und heute: Bei Frau Schorcht war es gemütlich. Nach dem Kuchenessen gab es Thüringer Rostbratwürste vom Grill, und wir saßen gemeinsam am Lagerfeuer. Jetzt ist es anstrengend. Die Pferde sind unruhig. Es ist einer dieser Tage, an denen sie einander ständig überholen wollen. Rangeleien in der Herde, bei denen wir aufpassen müssen, dass stets mehr als eine Trittweite zwischen ihnen liegt. Obwohl sie schon kurz nach unserem Abritt an der Zugspitze ein Gefüge gebildet haben, in dem jeder seine Rolle einnimmt, kommt das immer wieder vor. Rooh etwa testet, ob für ihn mehr drin ist als nur gelegentliches Tempomachen, Sonne verteidigt ihren Status als Anführerin.

Ein Gedankenexperiment: Warum hat sich der Mensch vor über 5000 Jahren dazu entschlossen, aus zarten, kleinen Pferden kräftige, große Tiere zu züchten, um auf ihnen zu reiten? Klar, sie können feinfühlig und treu sein, aber auch unglaublich stur und zickig. Hätte es nicht andere Tiere mit besseren Anlagen gegeben? Hirsche zum Beispiel. Die haben ein Geweih, über das man sie hervorragend steuern könnte. Oder Schweine. Die haben einen wirklich stabilen Rumpf.

Seiten 104/105
Folgen der LPG-Landwirtschaft: Seit wir das kleinbäuerliche Bayern verlassen haben, scheinen die Felder immer größer zu werden.

Links
Großkröbitz in Thüringen: Wir sitzen gemeinsam mit Anne, einer Helferin auf dem Hof der Familie Schorcht, am Lagerfeuer.

Im thüringischen Langenorla, vor der Kirche, überlegen wir kurz, ob wir es wagen sollen, den Halter des Trabbis um ein Wettrennen zu bitten, reiten dann aber doch weiter.

Knapp fünf Kilometer nach Langenorla kommt Freienorla: Während wir eine Pause im Eiscafé „Mittelkreisperle" einlegen, halten die Pferde davor Mittagsschlaf.

Seiten 110/111
Auf dem Feldweg kurz hinter Großkröbitz brechen die ersten Eisen – Barbara entfernt die Reste von den Hufen.

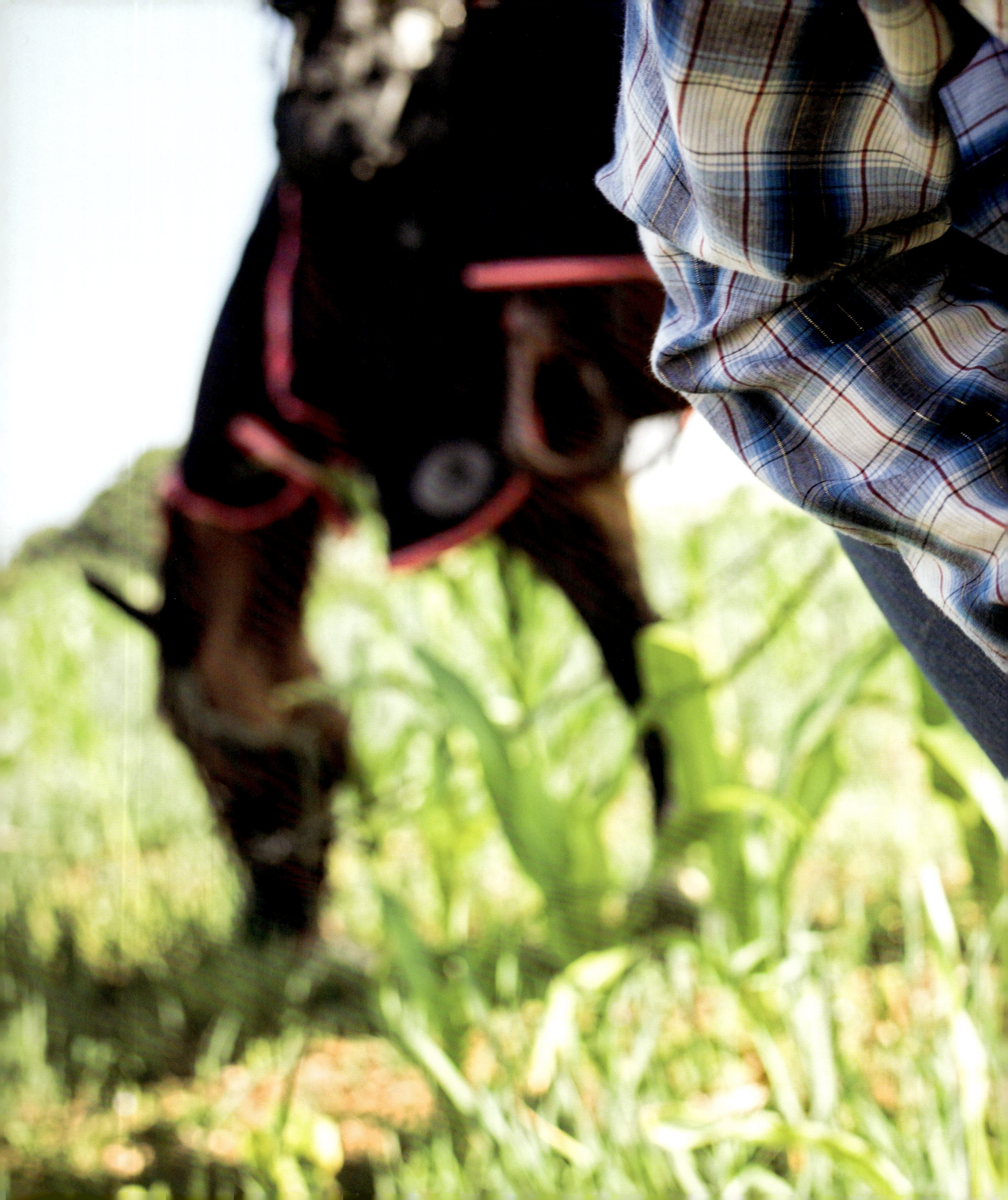

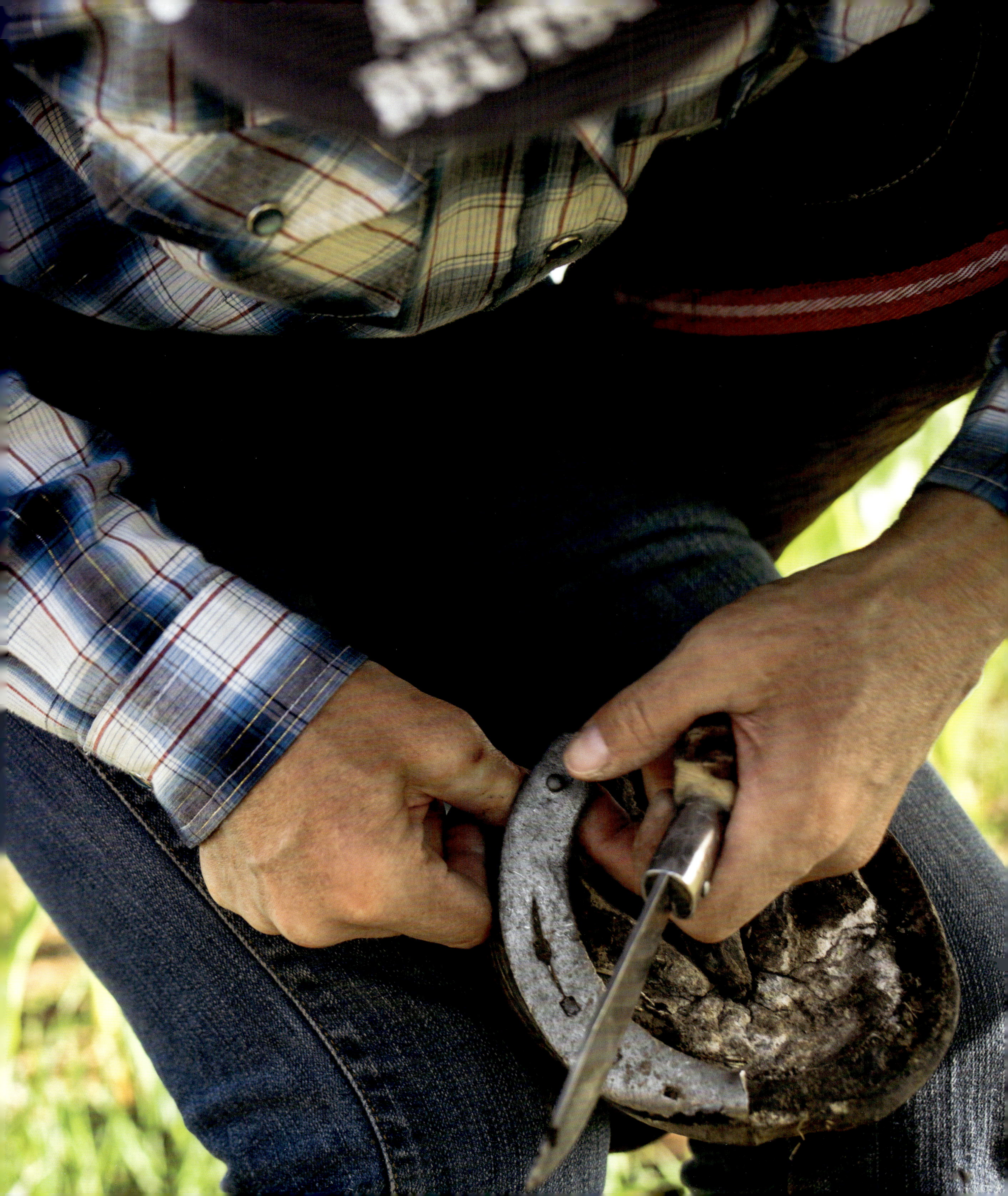

Vielleicht hätte man ihre Beine verlängern können, dann hätte es gepasst. Schluss mit den absurden Gedanken, zurück in die Realität.

Nach einem langen, mühsamen Ritt erreichen wir den am Rand von Weimar gelegenen Pferdehof Melchert. Ein Hufschmied kommt und beschlägt Rooh und Mandy mit neuen Eisen. Der für diesen kräftezehrenden Beruf erstaunlich schmächtige Mann legt einen Rohling an, bringt ihn mit einem kleinen, gasbetriebenen Ofen zum Glühen und schlägt ihn dann auf einem Amboss so lange, bis er auf die Hufe passt. Eine altertümliche Arbeit, die in Deutschland heute noch etwa 2500 Menschen ausführen. Bei über einer Million Pferde im Land erscheint das nicht viel. Der Hufschmied ist ein gefragter Mann in einer von Frauen dominierten Pferdesportwelt. Kommt er auf den Hof, umweht ihn weniger die Aura eines Handwerkers als die eines Künstlers.

Gedenktafeln, Büsten und Statuen. Als wir durch Weimar reiten, begegnet uns ein historisches Wahrzeichen nach dem anderen. Wo sollen wir anfangen? Nach der langen Zeit in der grünen Einöde sind wir überfordert. Wir machen es, wie schon viele Menschen vor uns: Wir besuchen das Hotel Elephant. Vom Dramatiker Franz Grillparzer jedenfalls ist überliefert, dass er das am Marktplatz gelegene Haus als «Vorzimmer zu Weimars lebender Walhalla» bezeichnete. Hier, so der österreichische Romantiker, müsse man einkehren, um mit der intellektuellen Elite, den Künstlern, Literaten und Politikern, in Kontakt zu treten. Mal schauen, ob uns das gut 200 Jahre nach Goethe und Schiller gelingt.

Am Empfang treffen wir Andrea Dietrich. Die Kunsthistorikerin ist so etwas wie die Geschichtsvermittlerin des Hotels. Keine ganz leichte

Oben
Von oben sieht Weimar aus wie eine normale Stadt, beim Durchreiten kommt es uns aber vor wie ein gigantisches Freilichtmuseum – überall Büsten, Statuen und Gedenktafeln.

Rechts
Goethe: «Es schlug mein Herz, geschwind zu Pferde.» Schiller: «Wohl auf, Kameraden, aufs Pferd, aufs Pferd!» Begegnung mit zwei großen Denkern, in deren Werken auch immer wieder Pferde auftauchen.

Seiten 114/115
Willkommener Durstlöscher: Wir rasten im Garten des Gasthauses Burgblick in Naumburg und trinken Johannisbeersaftschorle.

Seiten 116/117
Die Poesie der Landstraße: Felder, Bäume und Teer, so weit der Blick reicht. Karin und Mandy irgendwo zwischen Krösnitz und Naumburg.

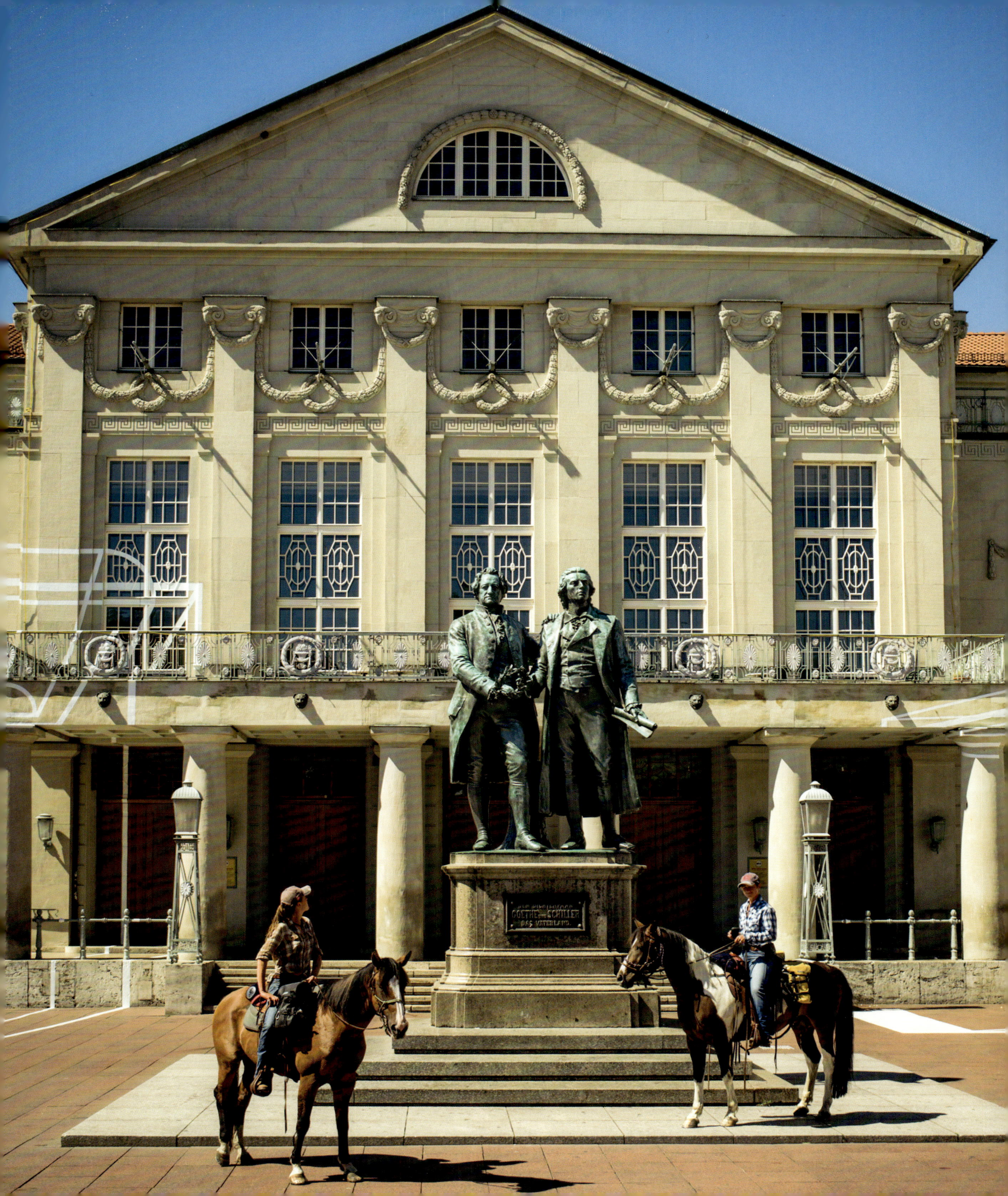

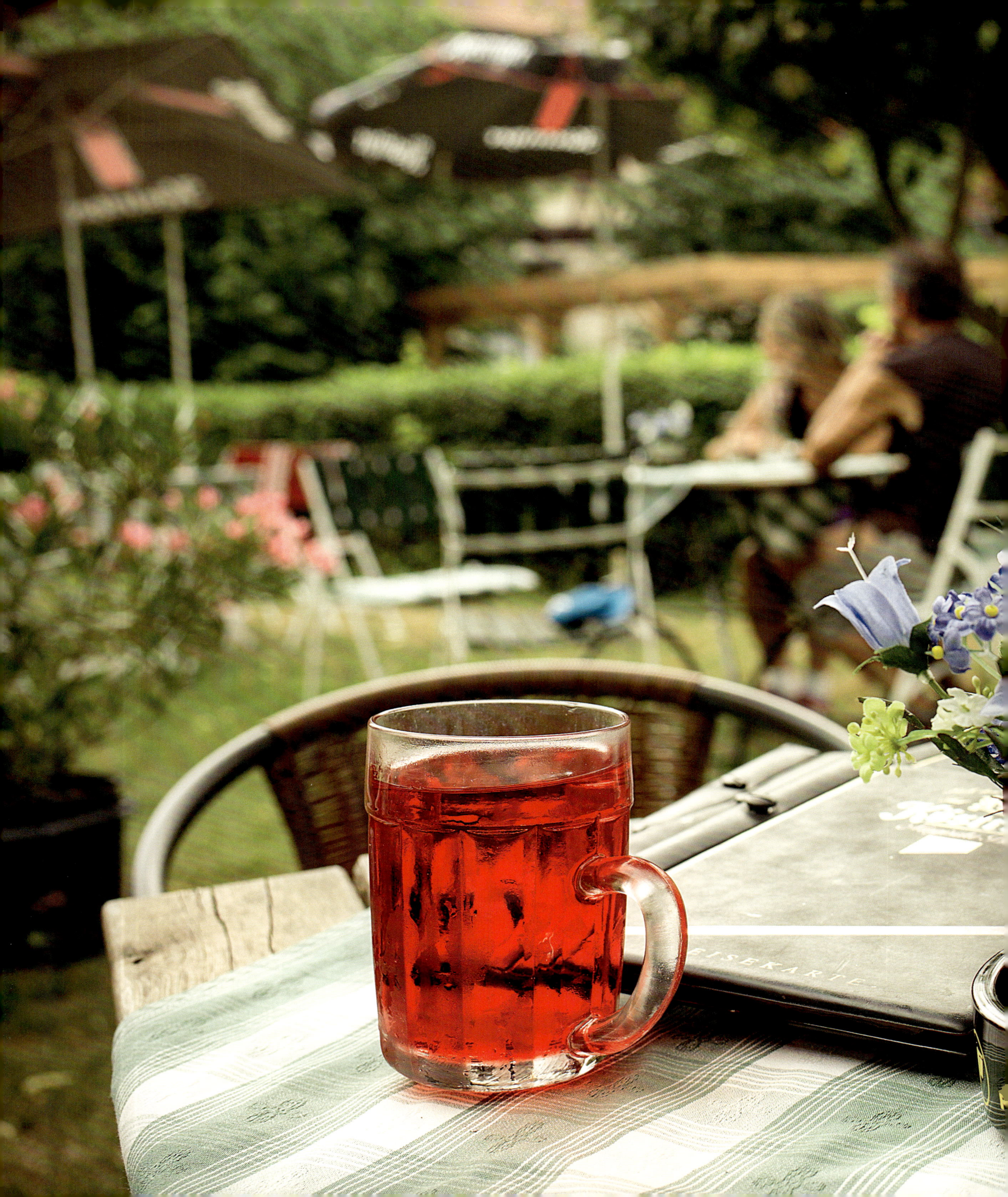

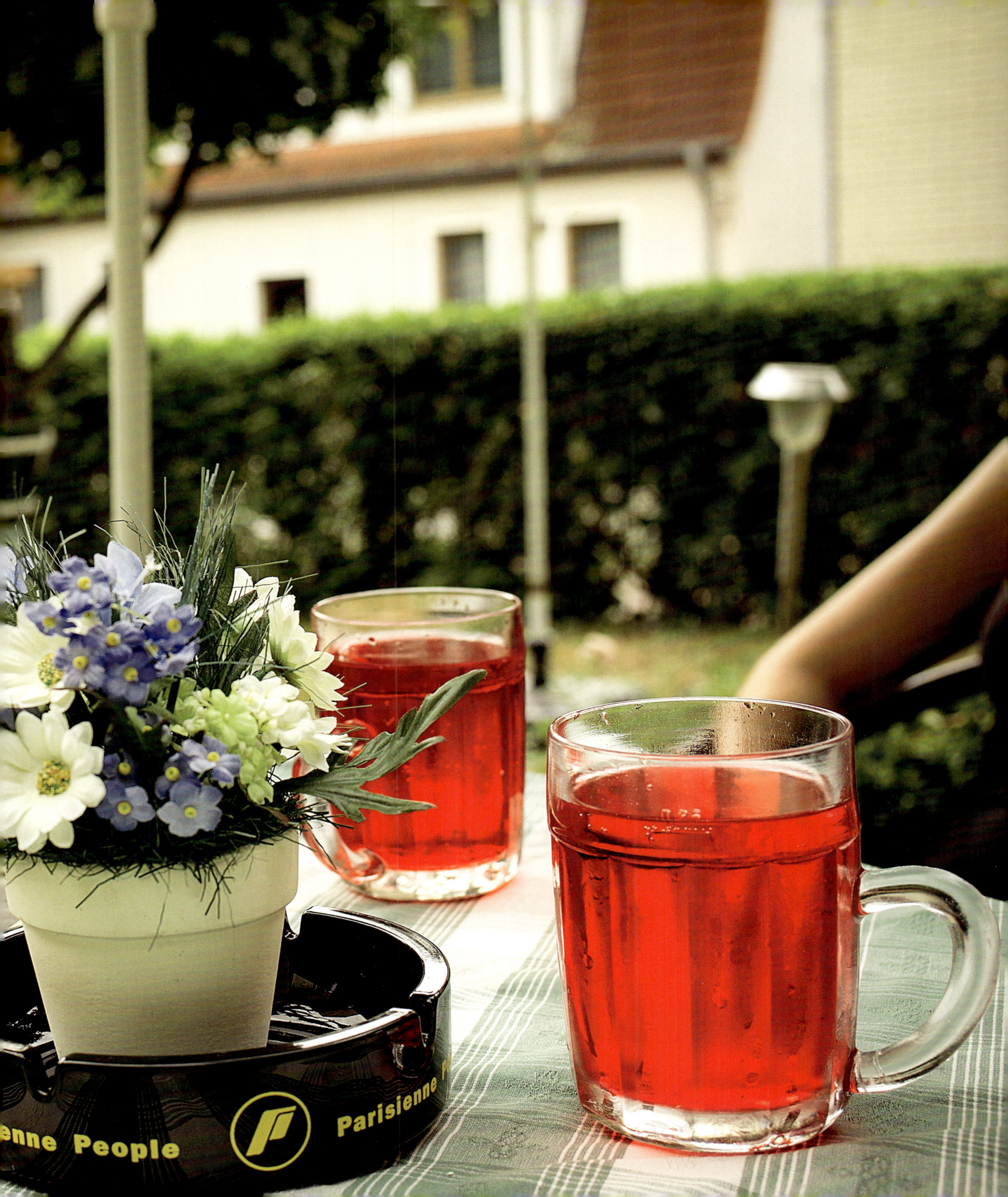
enne People
Parisienne P

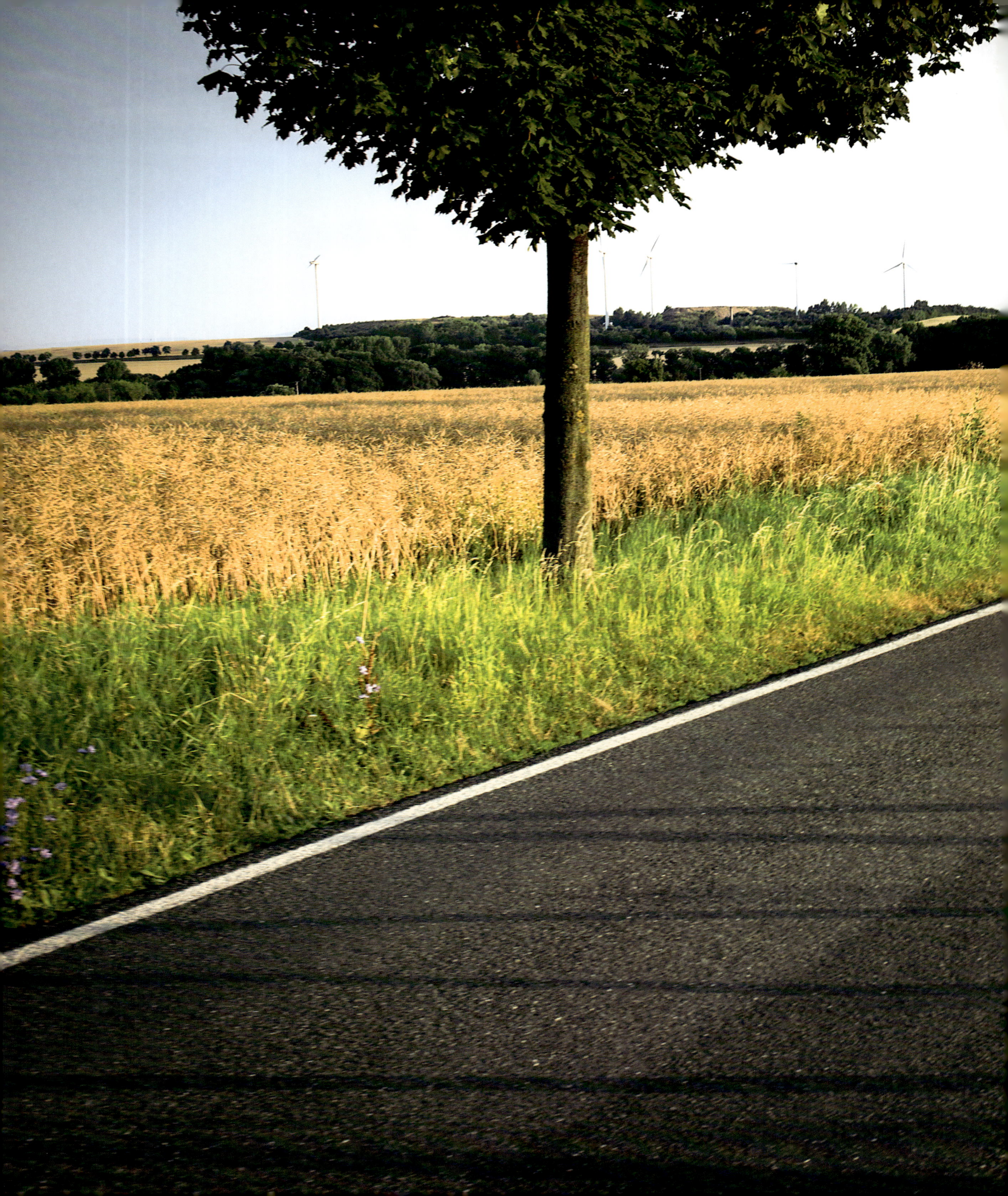

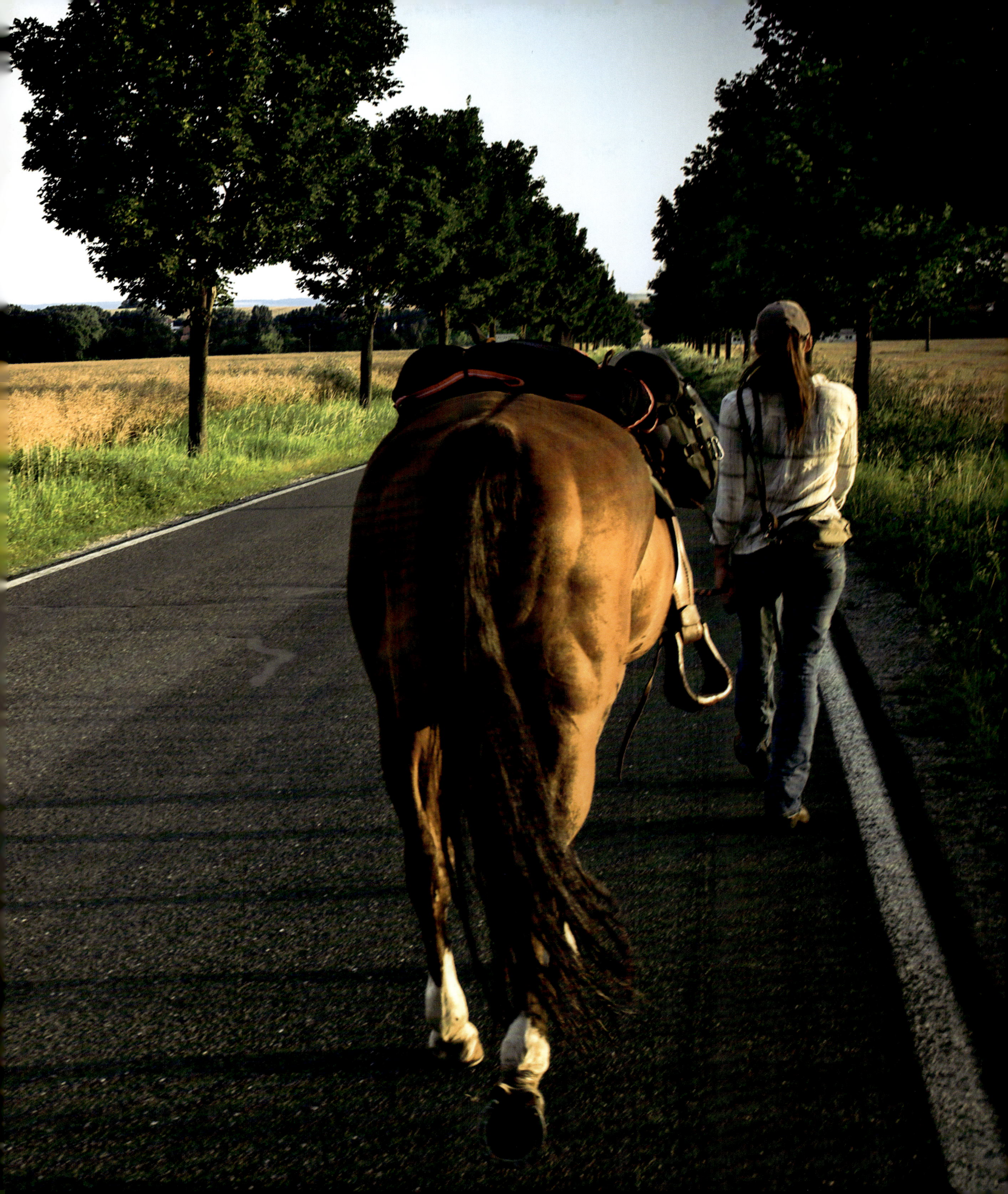

FILMTHEATER
FREUNDSCHAFT

Oben
Balanceakt auf der Boxenwand. Aufnahme aus dem Stall unserer Gastgeber in Pissen – ein Dorf, dem ständig das Ortsschild geklaut wird.

Links
Nicht mehr viel los. Gräfenhainichen in Sachsen-Anhalt war bis 1994 noch Kreisstadt, dann verlor es den Status.

Seiten 120/121
Die gestaute Saale in Bad Kösen, Stadtteil von Naumburg, gelegen in Sachsen-Anhalt.

Aufgabe, denn hier haben nicht nur große geistige Vordenker unserer Zeit verkehrt, sondern auch finstere Gestalten. Es waren die Nationalsozialisten, die aus dem über 300 Jahre alten Gästehaus in den 1930er Jahren die exquisite Herberge von heute gemacht haben. Ein Erbe, dem man sich im Hotel Elephant stellt. Im Konferenzraum, in dem einst Hitler tagte, ist über dem Kamin ein Gemälde von Otto Dix angebracht – ein vom Führer als „entartet" bezeichneter Künstler an jener Wand, an der einst die Pläne fürs großdeutsche Reich hingen.

Frau Dietrich gibt sich alle Mühe, uns in die Geschichte des Fünfsternehotels einzuführen, doch wir beschließen, bald weiterzureiten. Zu unterschiedlich sind unsere Welten. Auf der einen Seite die Dame im Hosenanzug, umgeben von Gästen, die in Lounge-Sesseln ihren Tee nehmen. Auf der anderen Seite ein schwitzender Fotograf mit Ledergezausel an den Beinen, begleitet von seinen Musketieren, die in ihren Sätteln fläzen. Wir brechen die Kontaktaufnahme mit den geistigen Größen Weimars ab und kehren zurück in die Provinz.

Nächstes Bundesland ist Sachsen-Anhalt. Ein Campingplatz am Geiseltalsee, auf der Halbinsel vor Stöbnitz. Wären wir vor zehn Jahren hierher gekommen, hätte sich am Fuß des Hanges nicht ein 19 Quadratkilometer großer See, sondern eine Pfütze befunden. Dort, wo heute das Wasser ist, lagen früher 16 Dörfer, deren Bewohner vom Braunkohleabbau lebten. Dann beschloss die Regierung, das Areal zu fluten, um es touristisch zu nutzen. So wie in vielen Gegenden um Halle und Leipzig. Langsam versinkt das mitteldeutsche Braunkohlerevier, denn der Abbau des fossilen Energieträgers ist in Deutschland nicht

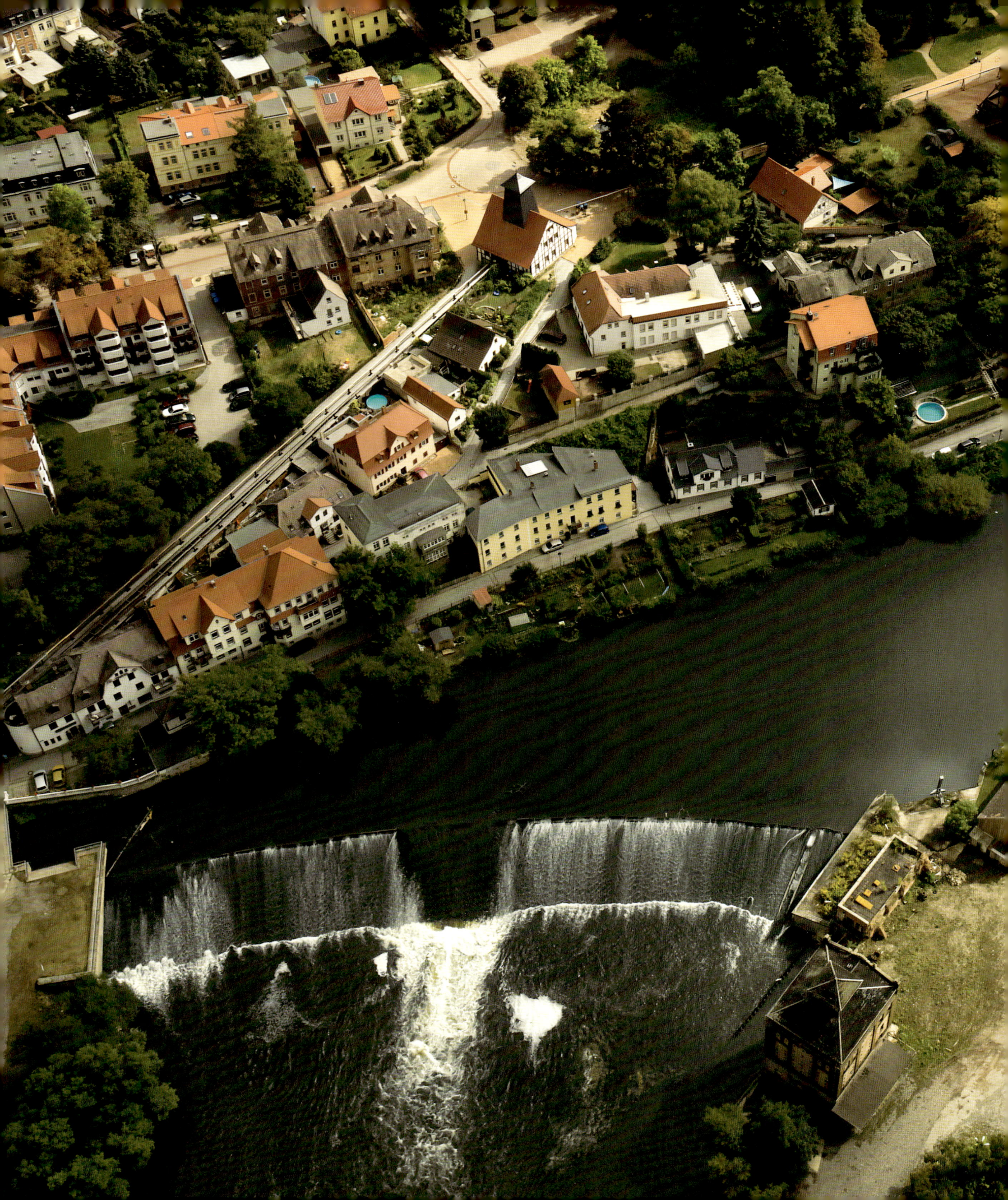

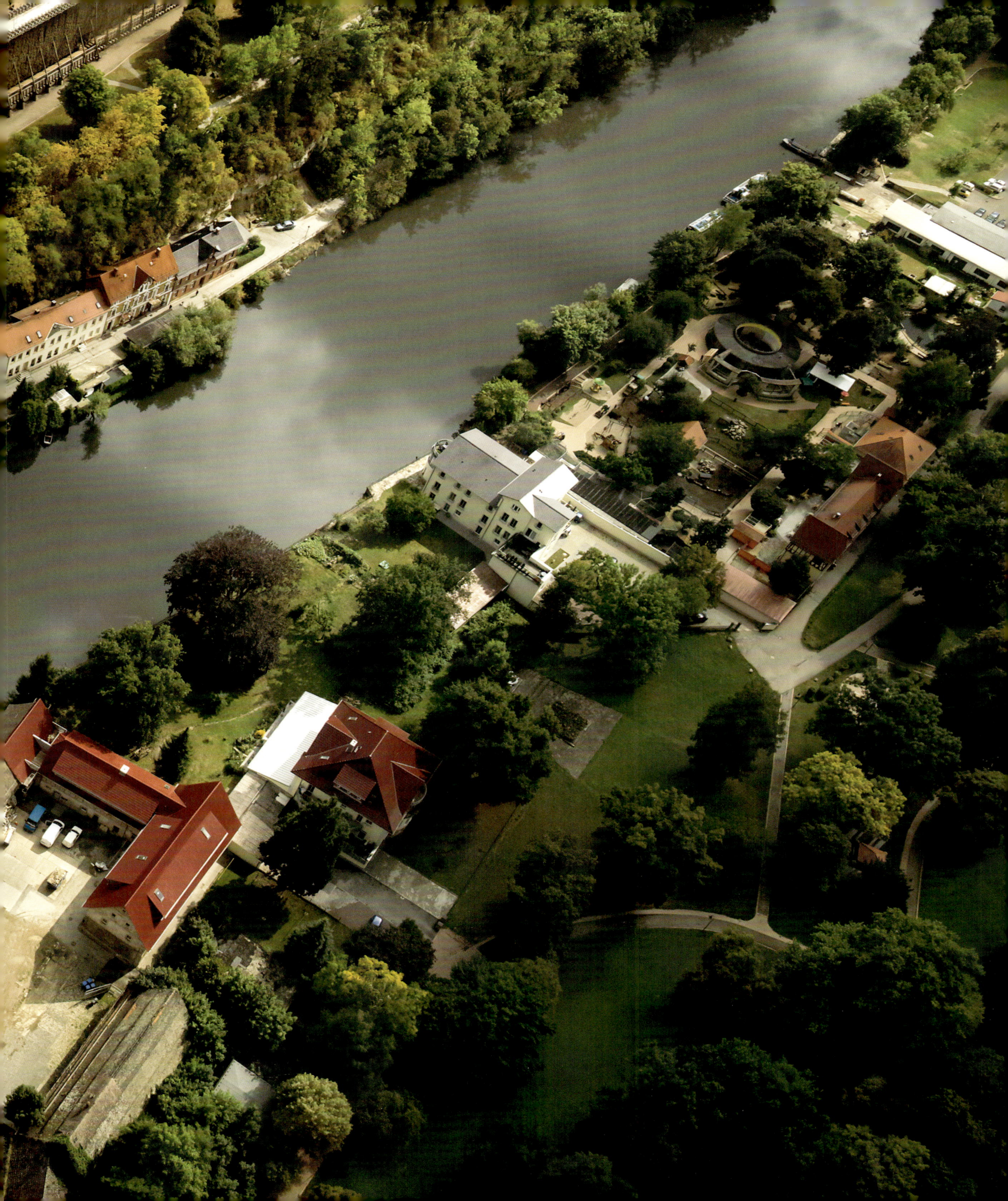

Seit Tagen bereiten uns Mandy und Sonne Sorgen, weil sie nicht ganz gerade gehen. In Pissen besucht uns daher eine Tierärztin und untersucht sie.

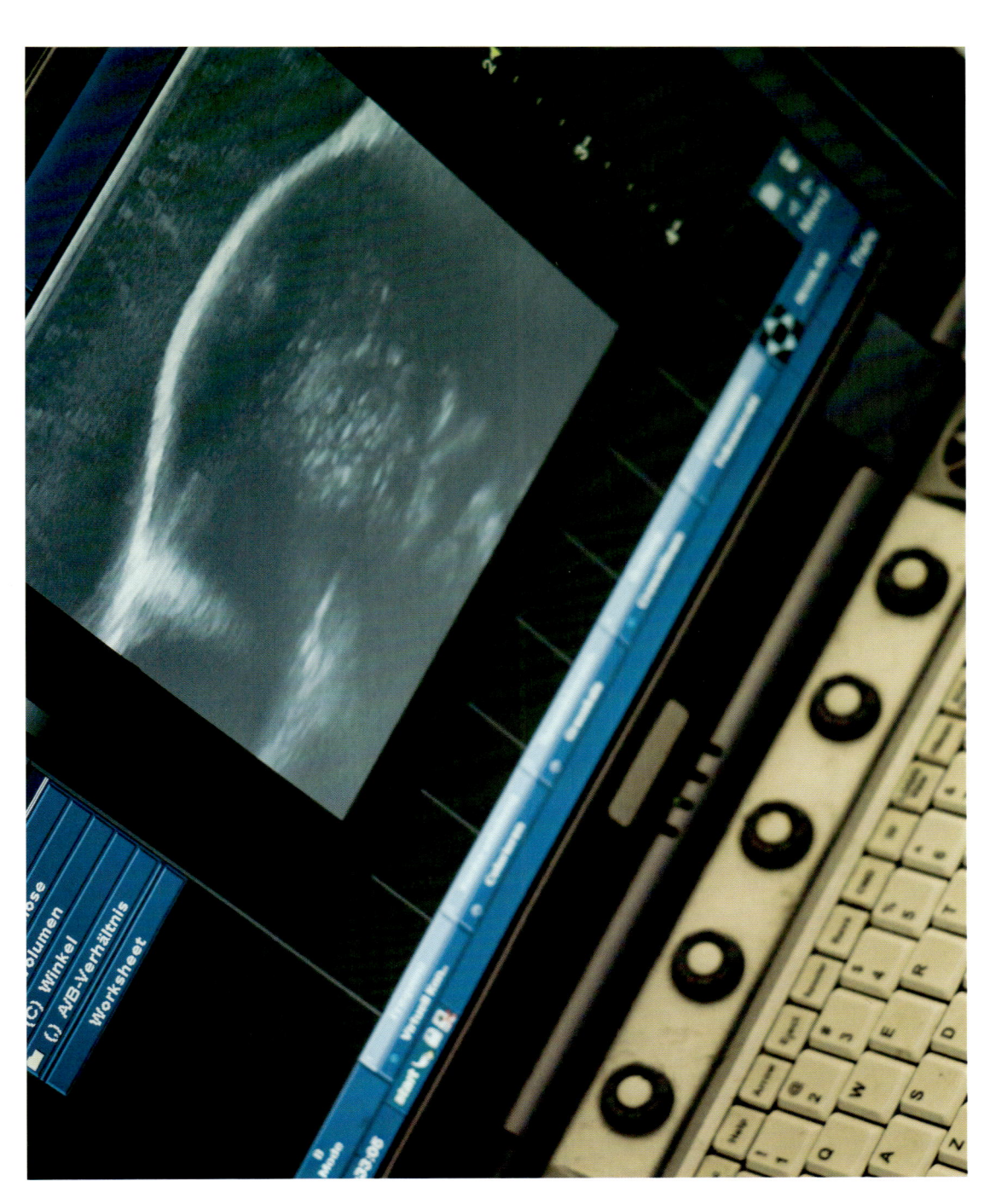

Ihre Diagnose: Mandys Rücken ist nicht in Ordnung, sie braucht eine Pause. Mit Sonnes Gelenken dagegen ist alles okay.

Warum muss es ausgerechnet jetzt regnen? In einem Leipziger Industriegebiet zeigt unser Navi an, wir müssten geradeaus weiter, das aber geht nicht: Wir stehen vorm Eingang eines Autoherstellers.

mehr erwünscht. Zu umweltbelastend, zu unrentabel. Thomas Patzer, unser Platzwart, hat früher als Schlosser in der Grube gearbeitet. Spürt er Wehmut, wenn er heute auf den See blickt? «Überhaupt nicht. Das war hier ein richtiges Drecksloch.» Er freue sich täglich darüber, dass schmutzige Industrie durch saubere Natur ersetzt worden sei, sagt er. Er vermisse weder das Knirschen der Förderbänder noch das Hupen der Lastwagen, auch nicht den Staub auf den Fensterbänken.

Am nächsten Morgen führt unser Weg noch eine Weile am Geiseltalsee entlang, und wir spüren, wie harmonisch auch künstliche Natur sein kann. Am Uferhang neben uns reifen Weintrauben. Es ist so ruhig, dass wir den Flügelschlag eines Schwans hören, obwohl er von uns aus gesehen in Erbsengröße übers Wasser schwingt. Danach allerdings kehrt sich die Stimmung ins Gegenteil. Silos und Maisfelder begrenzen den Horizont, es stinkt nach Gülle. So sieht sie aus, die industrielle Landwirtschaft. Nicht schön, aber profitbringend. Auch die Städte, durch die wir reiten, sind herzerfrierend. Grau in Grau in Zscherben, Geusa und Merseburg.

Alltagsbeobachtung: Die Menschen, denen wir unterwegs begegnen, wirken abweisender auf uns. Bisher sind sie uns überwiegend offen begegnet, freundlich und, zugegeben, manchmal auch belustigt. Jetzt folgt auf ein Winken nur selten ein Winken, auf ein Lächeln nur selten ein Lächeln und auf einen Gruß nur selten ein Gruß. Unheimlich. Warum nur sind die Leute hier so mies gelaunt? Wegen der tristen Architektur? Wegen der hohen Arbeitslosenquote in ihrer Region? Oder mögen sie uns Cowboys aus dem Westen einfach nicht?

Wir erreichen Pissen, ein Dorf, dessen Ortsschild in den vergangenen zwei Jahren über zehn Mal geklaut worden ist. Mandy und Sonne bereiten uns Sorgen. Mandy ist sehr empfindlich im Rücken, Sonne geht hinten nicht ganz gerade. Bevor wir weiterreiten, rufen wir deshalb eine Tierärztin. Ihre Einschätzung: Sonne kann geritten werden, Mandy sollte vorerst im Stall bleiben. Nicht das erste Mal, dass wir nicht alle Pferde reiten können. Immer wieder müssen wir auf unsere zwei Elektroräder ausweichen. Ärgerlich, aber unumgänglich, wenn wir unser Ziel erreichen wollen: mit allen Pferden auf Sylt anzukommen. Wir beschließen, dass Karin zunächst mit Mandy in Pissen bleibt. Wir anderen reiten weiter. Viel Teer, wenige Feldwege. Im Industriegebiet am Leipziger Flughafen entlädt sich ein Gewitter. Warum um Himmels willen müssen wir uns ausgerechnet jetzt verreiten? Das Navigationsgerät zeigt an, wir sollten geradeaus weiter, das aber geht nicht. Wir stehen vor dem Tor des Porsche-Werks, und der Pförtner lässt uns nicht passieren. Er fordert uns sogar auf zu verschwinden. Arroganter Luxuskarosserist. Auf Umwegen erreichen wir unseren nächsten, in Sachsen gelegenen Halt, völlig durchnässt.

Hayna, wieder so ein Ort an einer gefluteten Braunkohlebrache. Wir erleben ein kurioses Phänomen. Im Gegensatz zu den Menschen, die wir tagsüber treffen, sind die, die uns abends beherbergen, so herzlich wie selten zuvor. Gestern Nachmittag hat Fif bei Doreen und Philipp in Hayna angerufen und gefragt, ob wir heute auf ihrer Ranch übernachten könnten. Fünf Menschen und vier Pferde, wohlgemerkt. Die Antwort: Klar, kein Problem. Seit über vier Wochen sind wir jetzt unterwegs, und Fif hat es bisher immer geschafft, Gastgeber für uns und unsere Tiere zu finden. Wir gestehen uns ein: „Spontan" und „gesellig" sind Adjektive, die wir vor diesem Sommer nicht mit Deutschland assoziiert hätten. Jetzt schon.

Trotzdem gibt es natürlich Gastgeber, bei denen es uns leichter fällt weiterzureisen, und solche, bei denen wir gern länger verweilen

Fortsetzung auf Seite 134

Oben
Fif und Blika unterwegs zum Einkaufen. Selbst von einem Elektrorad lässt sie sich nicht einholen.

Rechts
Florian und Barbara in der Steppenlandschaft zwischen Pissen und Schkeuditz.

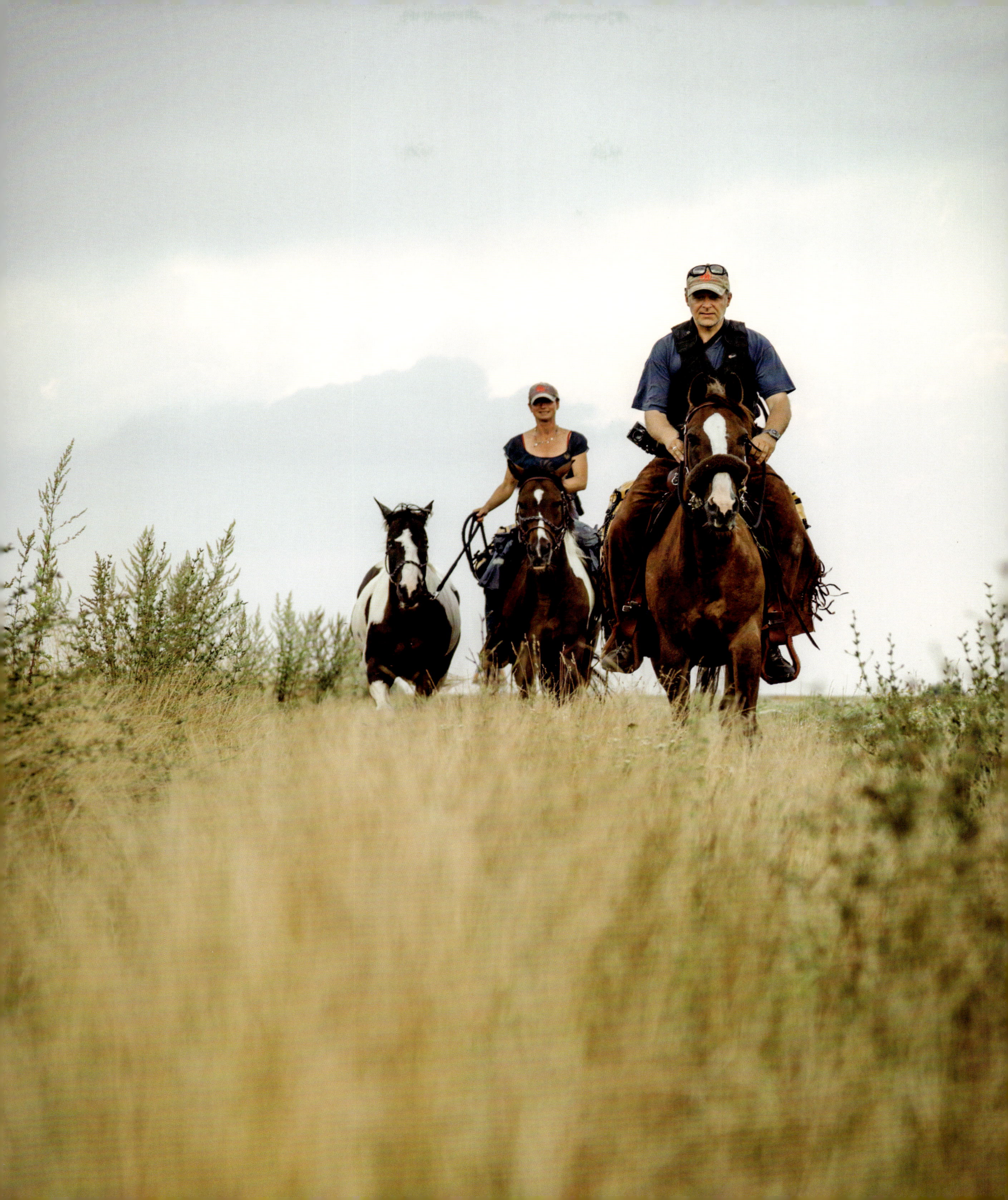

6.8.2013

Pissen-Hayna, 28 km

In Leipzig reiten wir durchs Industriegebiet und scheitern am Zaun des Porsche-Werks. Nachdem wir uns beim Versuch, das Gelände zu umreiten, dreimal verirrt haben, bricht die Nacht mit einem heftigen Gewitter herein. Wir entscheiden uns zu verladen, die Lage ist nicht angenehm. Wir verschanzen uns im Lee einer drei Meter hohen Hecke vor dem peitschenden Regen. Klatschnass erreichen wir die Pension Hayna, wo wir von Philipp und Doreen, den Besitzern, herzlich begrüßt werden. Wir trinken noch ein paar Bier zusammen, essen Pizza und sind doch so müde, dass wir fast im Gespräch einschlafen. Vorher hat Fif noch den Landrover samt Hänger im Acker „versenkt", was eine Rettungsaktion mit Traktor (inklusive „Wheelie") nötig machte.

Ein gewohntes Bild: Kaum ist der Sattel ab, wälzt sich Rooh auf dem Boden.

Oben links
Hannah hat einen Trinkeimer
der Pferde zum Wäschekorb
umfunktioniert.

Oben rechts
Gleich geht es wieder in den Wald:
Soloma vorm Abritt in Krina.

Oben
Glück gehabt. In Bad Kösen reiten
wir direkt an eine Weinbar.

Rechts
Wir kreuzen die A9 bei Leipzig.

Unsere Gastgeber in Reetzerhütten laden uns zum Grillen ein.

Sonne und Soloma reicht es, Gras zu futtern.

Buckautal

Triple-D-Ranch

Wittenberg

Muldestausee

Hayna

Geisel-
talsee   Pissen

Leipzig

Hof Zwickel

Weimar

Großkröbitz

Eine Abkühlung im Geiseltalsee tut gut.

Selbstporträt im Weizenfeld. Ich sah auch schon frischer aus.

Karin beim Bogenschießen. Wie unser Duell ausging, darf ich übrigens nicht verraten.

Links unten
Maskottchen im Hotel Elephant in Weimar.

Unten
Reiterhof Melchert: Karin assistiert dem Hufschmied.

Links
Die Spuren des Teers. Eines der zerbrochenen Hufeisen.

Meine Hufeisen halten noch. Ein bisschen Luft schadet den Stiefeln bestimmt nicht.

Soll ich es wagen, auch aus dem Brunnen zu trinken?

Oben links
Weiß jemand, wie diese schöne Blume heißt?

Oben rechts
Da hat wohl jemand Langeweile: Barbara turnt auf Sonne.

Oben
Unfassbar gastfreundlich: Philipp, unser Gastgeber in Hayna.

Rechts
Schnappschuss im richtigen Moment. Hannah und Blika am Geiseltalsee.

würden. Bei Doreen und Philipp trifft Letzteres zu. Sie hat Anglistik und BWL studiert. Er war Balletttänzer, Fitness-Studio-Betreiber, Tabledance-DJ und betrieb einen Escort-Service. Heute führt das frisch verheiratete Paar eine kleine Pension und engagiert sich im Vorstand eines Vereins, der am Schladitzer See einen Biedermeier-Strand betreibt – ein Ort, an dem Schwimmer in blau-weiß gestreiften, bis zum Hals reichenden Badeanzügen planschen. Wir wussten vorher nicht, dass es so etwas gibt. Eines können wir jetzt schon festhalten: Die Provinz ist überraschend. Philipp und Doreen sind Menschen, denen man wochenlang Fragen stellen möchte. Aber das geht nun mal nicht, wenn wir auf Sylt ankommen wollen, bevor an der Nordseeküste die ersten Herbststürme einsetzen.

    Nächste Stationen: Reibitz, Krina und Seegrehna. Schon bevor wir die Elbauen sehen, spüren wir sie. Je näher wir ihnen kommen, desto mehr Mücken umschwirren uns. Rooh sieht aus, als wäre er mit seinen 13 Pferdejahren in der Pubertät: Sein Körper ist von den Einstichen übersät mit kleinen Pusteln. Durch das Hochwasser, sagen Wissenschaftler in der Zeitung, seien dieses Jahr rund um Flüsse besonders viele der plagenden Insekten unterwegs. Von einer besonders fiesen Überflutungsmücke, die sich durch einen besonders penetranten Anflug und extreme Stechwut auszeichnet, ist die Rede.

    Wir überqueren die Elbe auf einer Brücke und erreichen Wittenberg, die Lutherstadt. Auf dem Marktplatz binden wir die Pferde an einen Laternenpfahl, setzen uns in ein Café und wollen gerade darüber diskutieren, wie viele Thesen Luther damals an die Kirchentür

Oben
Die Schlosskirche in Wittenberg – an ihre Tür soll der Reformator Martin Luther seine 95 Thesen geschlagen haben.

Rechts
In Wittenberg binden wir unsere Pferde auf dem Marktplatz an. Kurz darauf erscheinen zwei Polizisten und bitten uns weiterzureiten. Respektlos gegenüber den Tieren, finden wir.

Seite 136
Einfach einen Moment für sich allein sein und nichts tun. Soloma gelingt auf einer Koppel in Braunsdorf, wonach uns allen hin und wieder ist.

Seite 137
Die Prinzessin der Herde: Soloma ist ein Sensibelchen, das auch mal bockig wird, wenn ihr etwas nicht passt. Dafür reichen manchmal Kleinigkeiten.

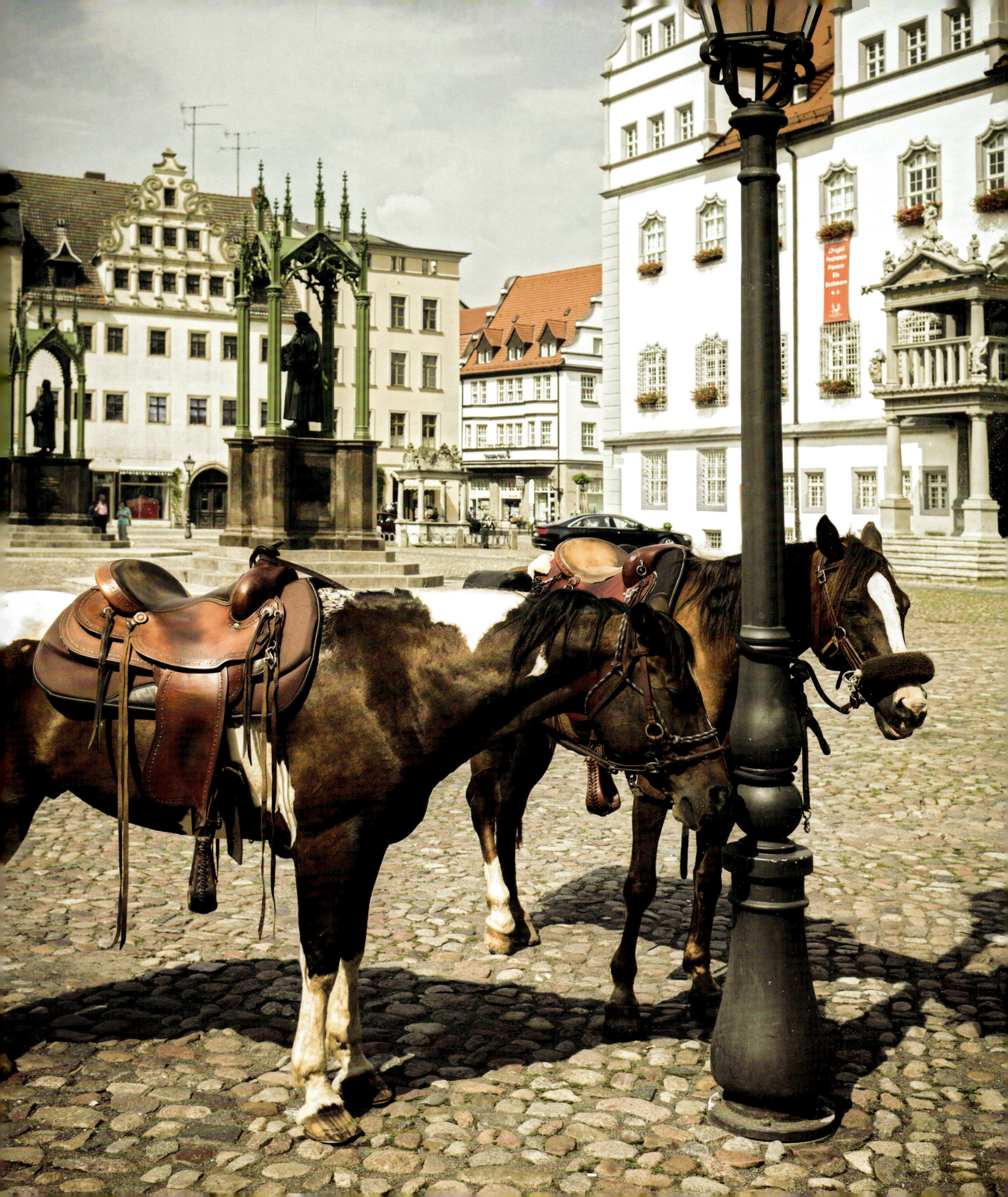

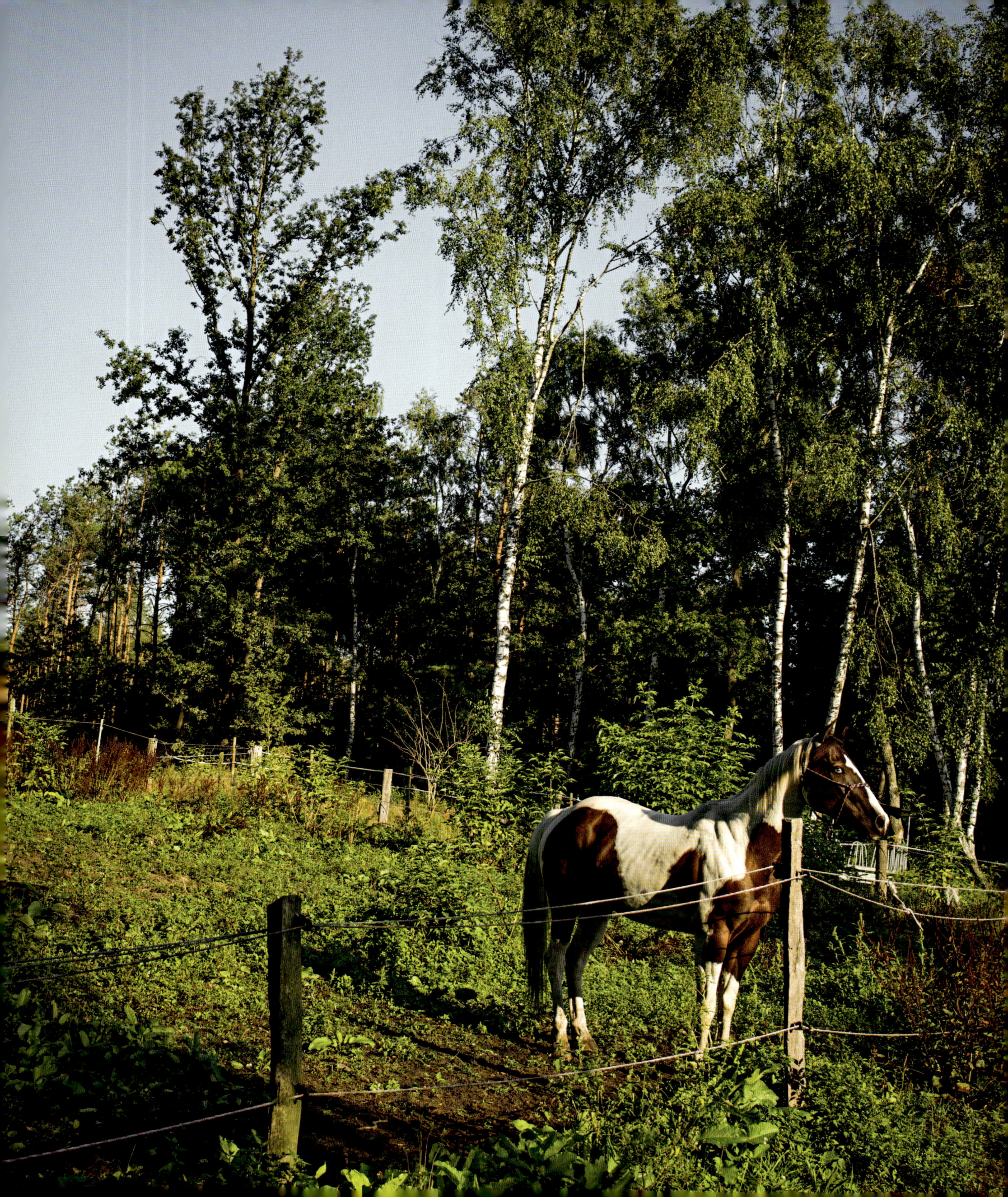

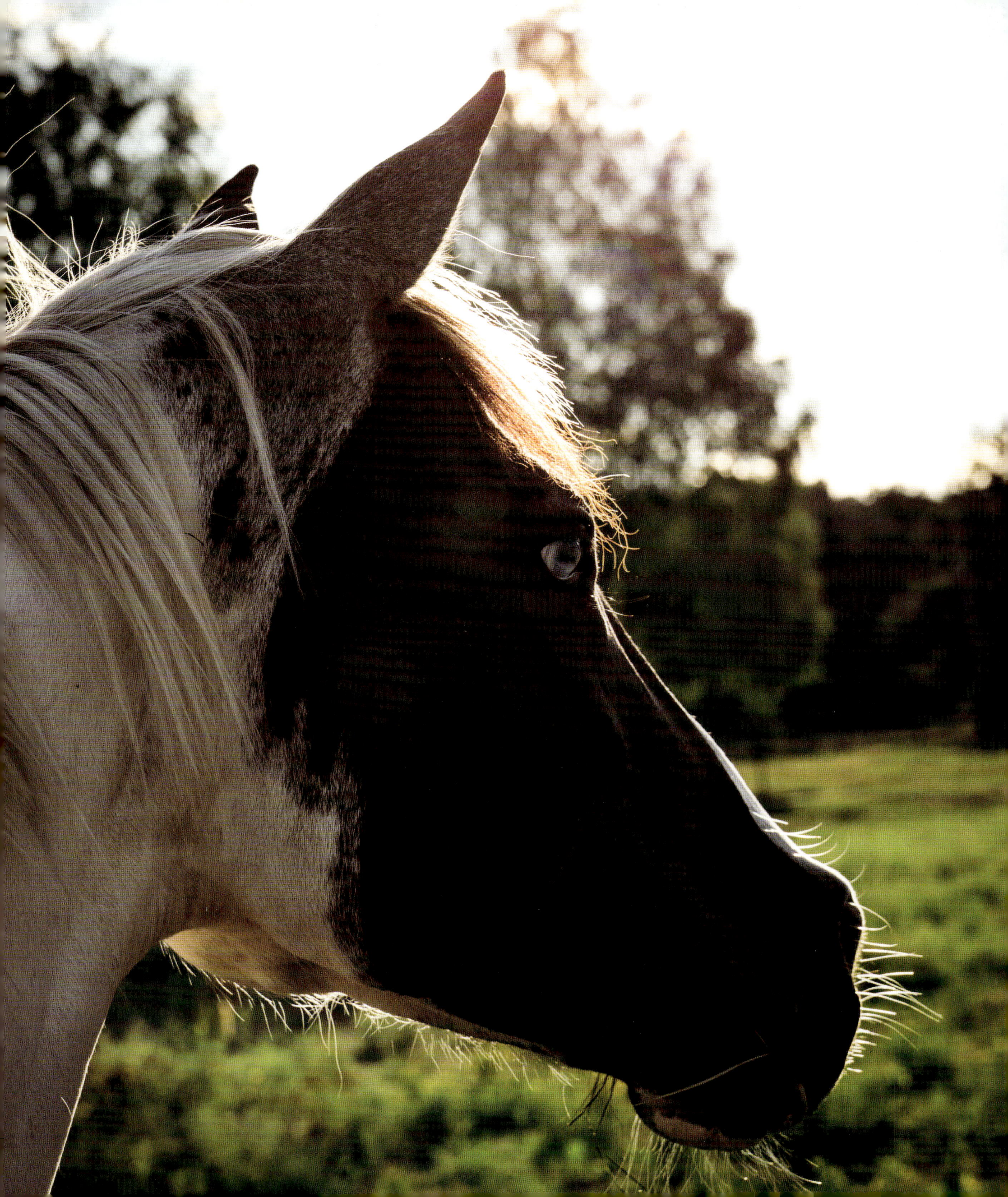

geschlagen hat – wenn's denn überhaupt die Tür war. Doch prompt stehen zwei Polizisten vor uns. Ob wir eine Reitgenehmigung für die Stadt hätten, fragen sie. Wir seien überzeugt, dass man so etwas nicht bräuchte, entgegnen wir. Pause. Sie tauschen Blicke aus. Mmh, da seien sie sich jetzt auch nicht so sicher. Sie fänden es aber besser, wenn wir weiterritten. Machen wir dann auch, aber schon seltsam, dass selbst Polizisten Pferde in einer Stadt als Fremdkörper wahrnehmen. Tiere, ohne die ihr Wittenberg nicht wäre, was es heute ist. Was glauben sie wohl, wer die Steine und Balken für ihre schönen alten Häuser transportiert hat? Und für ihre berühmte Kirche?

In Braunsdorf kochen wir zusammen. Es gibt Spaghetti Aioli und Salat. Dabei stellen wir uns viele Fragen: Wie geht es mit Karin und Mandy weiter, die noch immer in Pissen sind? Macht es Sinn, die kränkliche Stute weiter mitzunehmen? Falls nein: Was macht Karin ohne ihr Pferd? Es fällt uns allen schwer, eine Entscheidung zu treffen. Obwohl Karin erst seit vier Tagen nicht bei uns ist, spüren wir, wie sich die Gruppe ohne sie verändert. Ihre ruhige, humorvolle Art fehlt, sie ist der Puffer in unserem Gefüge. Mittlerweile können wir uns gegenseitig ganz gut einschätzen und spüren, wann wir uns spaßig, ernst oder distanziert begegnen sollten. Barbara braucht klare Ansagen, wenn es darum geht, wann wir losreiten. Hannah, die oft bis tief in die Nacht Fotos sortiert, sollte man morgens in Ruhe frühstücken lassen. Über und mit Florian darf man immer lachen, nur nicht, wenn er gerade sein Kameraequipment sortiert. Wenn sich unsere Gemüter doch mal aneinander reiben, brauchen wir Karins Ansage: «Ey, Leute, chillt mal!».

Zwei Tage nach Braunsdorf, im brandenburgischen Buckau, wissen wir, wie es weitergeht: Karin ist wieder da, Mandy nicht. Der Betreiber des Hofs in Pissen wird sie am nächsten Tag zurück in ihren Stall fahren, nach Dorndorf bei Ulm. Auch wenn es schwerfällt: Wir müssen Sylt mit einem PS weniger erreichen.

Pfütze im Wald kurz vor Reppinichen, Brandenburg: Blika gefällt der Matsch, Sonne und Soloma weniger.

IM WOID DAHOAM

Sachsen-Anhalt bietet viel Platz: Der Bayer Benedikt Sedlmayer, 35, hat sein Glück in der Dübener Heide gefunden – als Waldbesitzer. Wie kam es dazu? Ein Jagdausflug.

Benedikt Sedlmayer sitzt im Paradies und hält doch den Finger am Abzug. Vier Uhr in der Früh, auf einem Hochsitz in der Dübener Heide. Man hört es, wenn Wassertropfen von den Kiefern hinunter aufs Brombeergeäst fallen. Ein Hirsch röhrt. Sedlmayer schrickt kurz auf, dann nimmt er wieder seine geduckte Haltung ein. Mist, zu weit weg. Sein Blick wandert wieder an der Brüstung entlang zu den verwischten Baumreihen. Er scannt die Dunkelheit durchs Fernglas.

Paradies, so nennt der Bayer den 1500 Hektar großen Wald, der ihn umgibt. Es ist sein Wald. Er hat ihn geschenkt bekommen. Nicht vom lieben Gott, sondern vom leiblichen Vater, dem Besitzer einer Metallverarbeitungsfirma. Seit Sedlmayer, 35, vor acht Jahren sein Forstwirtschaftsstudium an der Hochschule in Freising beendet hat, lebt er hier, zwischen Elbe und Mulde, in der Leipziger Tieflandsbucht. Einer von vielen Bewohnern der alten Bundesländer, die davon profitieren, dass es im Osten nach der Wende große Freiräume gab. Viel Weite für wenig Geld. Sedlmayer zog aus der kleinbäuerlich geprägten Oberpfalz nach Sachsen-Anhalt. Dorthin, wo man der Landwirtschaft bis heute ansieht, dass ihre Bewirtschaftung in der DDR in riesigen Produktionsgenossenschaften organisiert war.

Lange Zeit passiert nicht viel. Sedlmayer, brauner Hut, brauner Mantel, braunes Gewehr, sackt auf seiner Holzbank zunehmend in sich zusammen. Flüsternd erzählt er von seiner Anfangszeit als Waldbesitzer. Die sei nicht ganz einfach gewesen, sagt er. Nur einen Monat dauerte es, bis seine erste Frau ihn verließ. Das Leben im Forsthaus, am Rand von Krina, passte ihr nicht. Zu einsam und eintönig. Es war Winter. Sedlmayer saß allein vorm Kamin und brachte sich mit Youtube-Filmen das Akkordeon-Spielen bei. „Mir san vom woid dahoam", dieses bayerische Volkslied spielt er besonders gern. Es passt zu Sedlmayer, dass er sich spielend

«Der Aron ist 'ne Bank!» Benedikt Sedlmayers Hund hat die erlegte Wildsau gefunden.

aus einer Krise befreit. Ein Typ, der auch in misslichen Lagen Komisches sieht.

Tatsächlich aus seiner Einsamkeit gerettet hat den Forstwirt damals aber nicht sein Akkordeon, sondern eine Fuhre Holz. Die hatte ein Jäger aus einem benachbarten Ort bei ihm bestellt. Als er sie ablieferte, fiel Sedlmayers Blick auf die Tochter des Waidmanns. Anja, 27, ist heute seine Ehefrau. Mit ihr hat er seine Kinder bekommen, Wilma ist ein Jahr alt und Ludwig drei.

«Sau!» Mehr sagt Sedlmayer nicht, als es so weit ist. Bloß keine Zeit verlieren. Er greift zu seinem Gewehr, ein Fabrikat der Gebrüder Merkel aus Suhl, und legt es über der Brüstung an. Etwa 30 Meter entfernt rast eine Rotte wilder Schweine durchs Unterholz, nur undeutlich zu erkennen. Sedlmayer verfolgt sie durch seinen Sucher. Dann hat er eine Schneise zwischen den Bäumen gefunden. Eine Patrone schnellt durch die Luft.

«Waren es drei oder vier?» Der Schuss ist verhallt, Sedlmayer ist nervös. Er glaubt, drei Schweine gesehen zu haben. Allerdings sind, so seine feste Überzeugung, nach dem Schuss auch drei Tiere davongesprungen, erkennbar unversehrt. Hat er danebengeschossen? Man sieht ihm an, wie unangenehm es ihm wäre, ausgerechnet an dem Morgen, an dem er begleitet wird, sein Ziel verfehlt zu haben. Er rutscht auf seiner Bank umher. Er mag es nicht, wenn Dinge nicht so klappen, wie er es sich vorstellt.

Er muss sich gedulden. Das Wild soll den Schuss nicht mit dem Geruch von Blut in Verbindung bringen. Dies wäre aber der Fall, wenn er das Wildschwein sofort aufbrechen würde. Nach 20 Minuten hält er es nicht mehr aus. Er steigt die schmale Holztreppe hinunter und schreitet langsam zu der Stelle, wo er das Wild zur Strecke gebracht haben müsste. Aber es liegt keine Sau im Moos. Nicht ein einziger Tropfen Blut. Sedlmayer geht durchs Dickicht und befestigt weiße Bänder an Zweigen. Die Markierungen sollen Klarheit bringen, er wirkt immer verwirrter.

Dann kommt Aaron ins Spiel: Die Brandlbracke läuft an weiner langen Leine voraus, mit der Nase dicht über dem Boden. Und nach 50 Metern bleibt der Hund stehen: Vor ihm liegt die Sau. Sedlmayer grinst. «Waren es doch vier.» Er war seinem Hund wohl selten dankbarer als heute. «Der Aaron, ist 'ne Bank», diesen Satz wiederholt er noch, als er längst am Frühstückstisch im Forsthaus sitzt.

Oben
Sedlmayer scannt die Landschaft durchs Fernglas, das Gewehr immer einsatzbereit.

Unten
Nach 20 Minuten hält der Jäger das Warten nicht mehr aus und klettert den Hochsitz hinunter.

Seiten 142/143
Verschlafenes Brandenburg: Blick über den Koppelzaun unseres Lagers in Reetzerhütten. Wieder einmal sind wir auf einer Anlage mit kuriosem Namen gelandet: auf der Triple-D-Ranch.

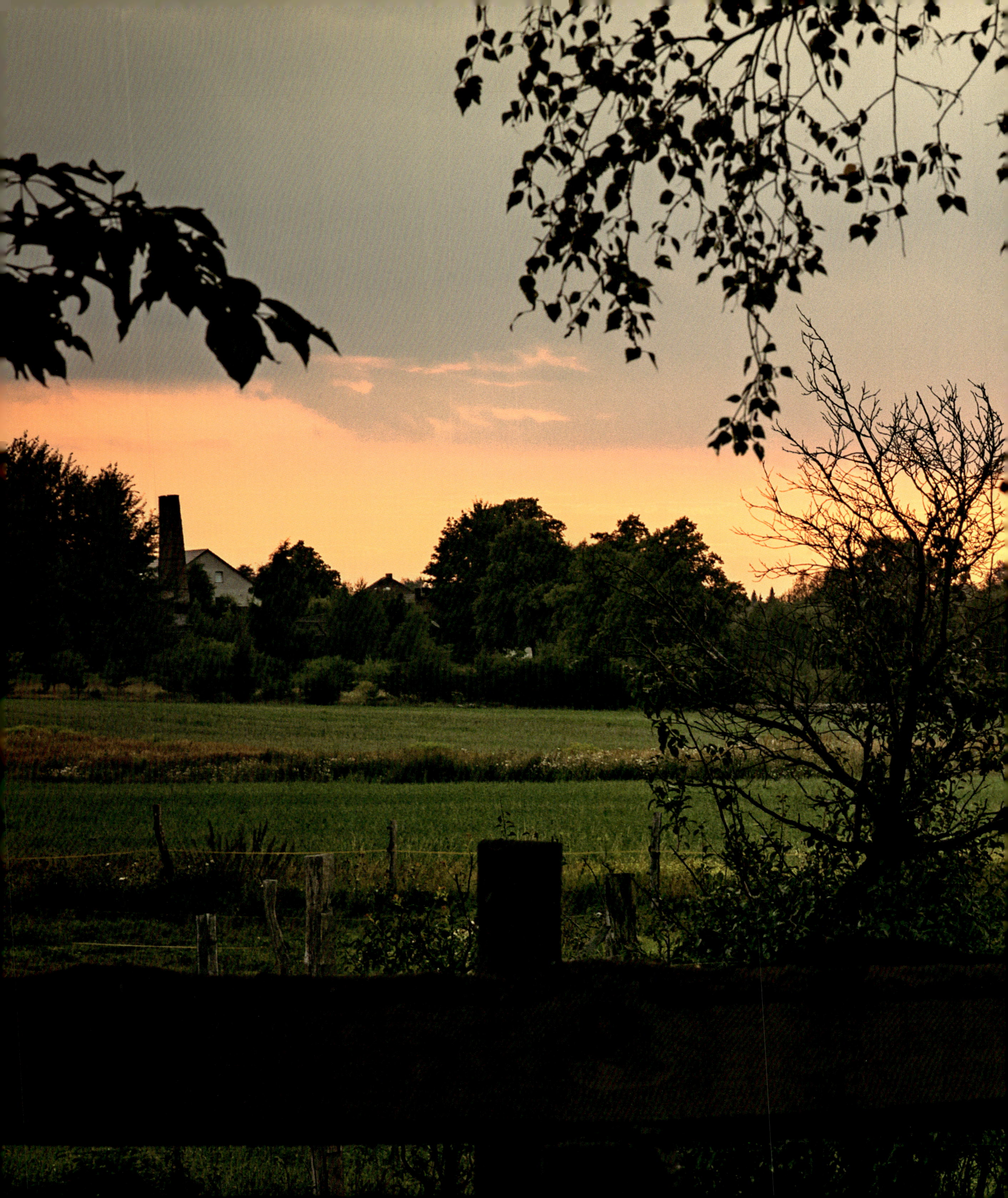

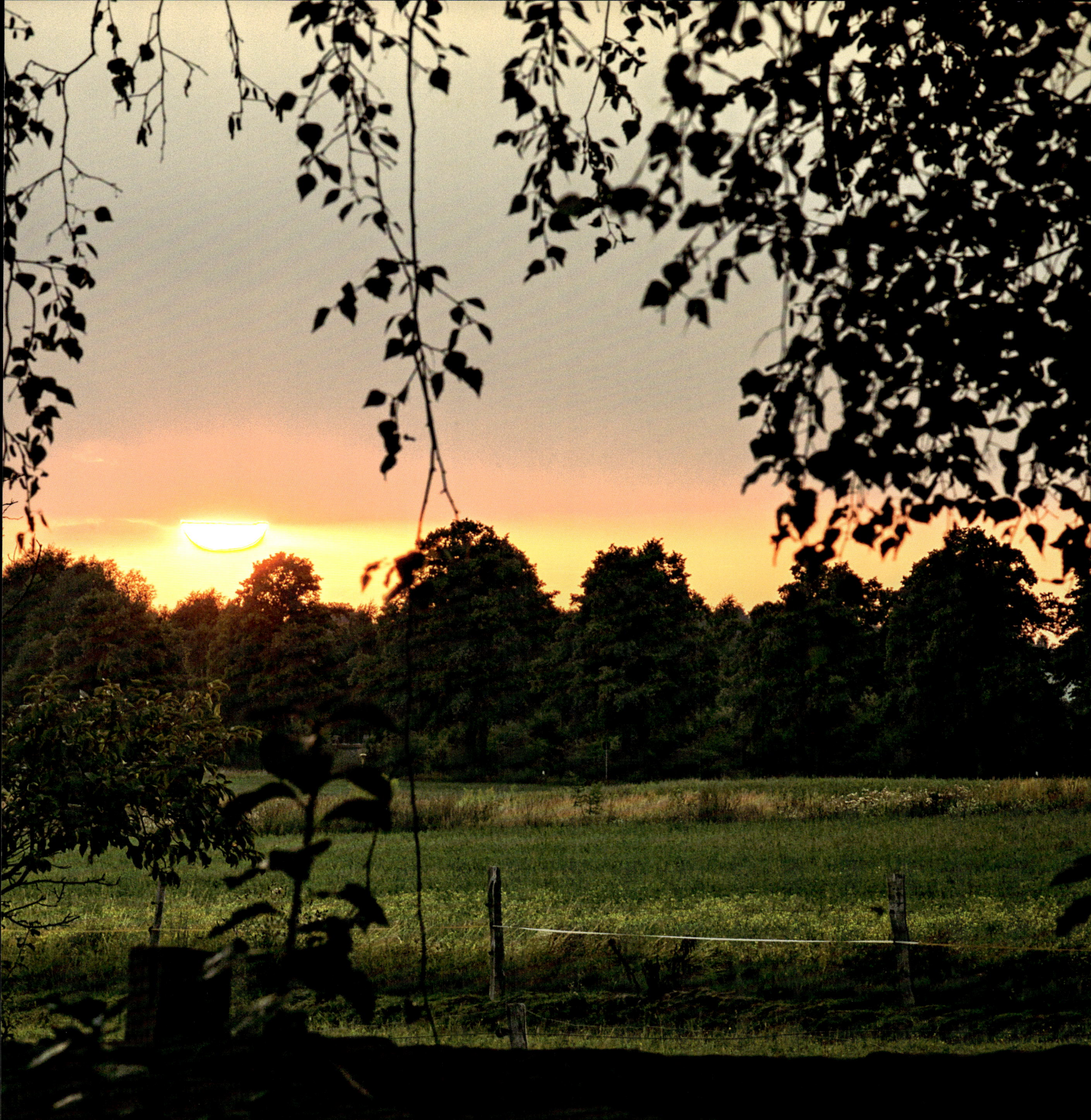

MIT KÄPT'N KUDDEL ÜBER DIE ELBE

Wir lernen das verschlafene Brandenburg kennen und reiten abermals durchs spröde, aber herzliche Sachsen-Anhalt. Dann verlassen wir den Osten. Als Nächstes auf unserer Route: Niedersachsen und Hamburg. Gleich zweimal queren wir die Elbe.

Oben
Wir reiten über den sandigen Boden des Wendlands – die Getreidefelder sind umgepflügt, der Mais steht noch.

Rechts
Dorfsheriff und Betreiber der Little Boom Ranch: Burkhard Marthe, unser Gastgeber in Sandau.

Oben links
Elbüberquerung in Hamburg. Zum Schutz vor dem rutschigen Belag haben wir den Pferden Putzlumpen um die Hufe gewickelt.

Oben rechts
Mischung aus Provence und Prärie: Unser Ritt durch die Lüneburger Heide ist ein Reitertraum.

Mitte links
Unsere Flagge weht immer kräftiger im Wind – es kann nicht mehr weit sein bis zur Küste.

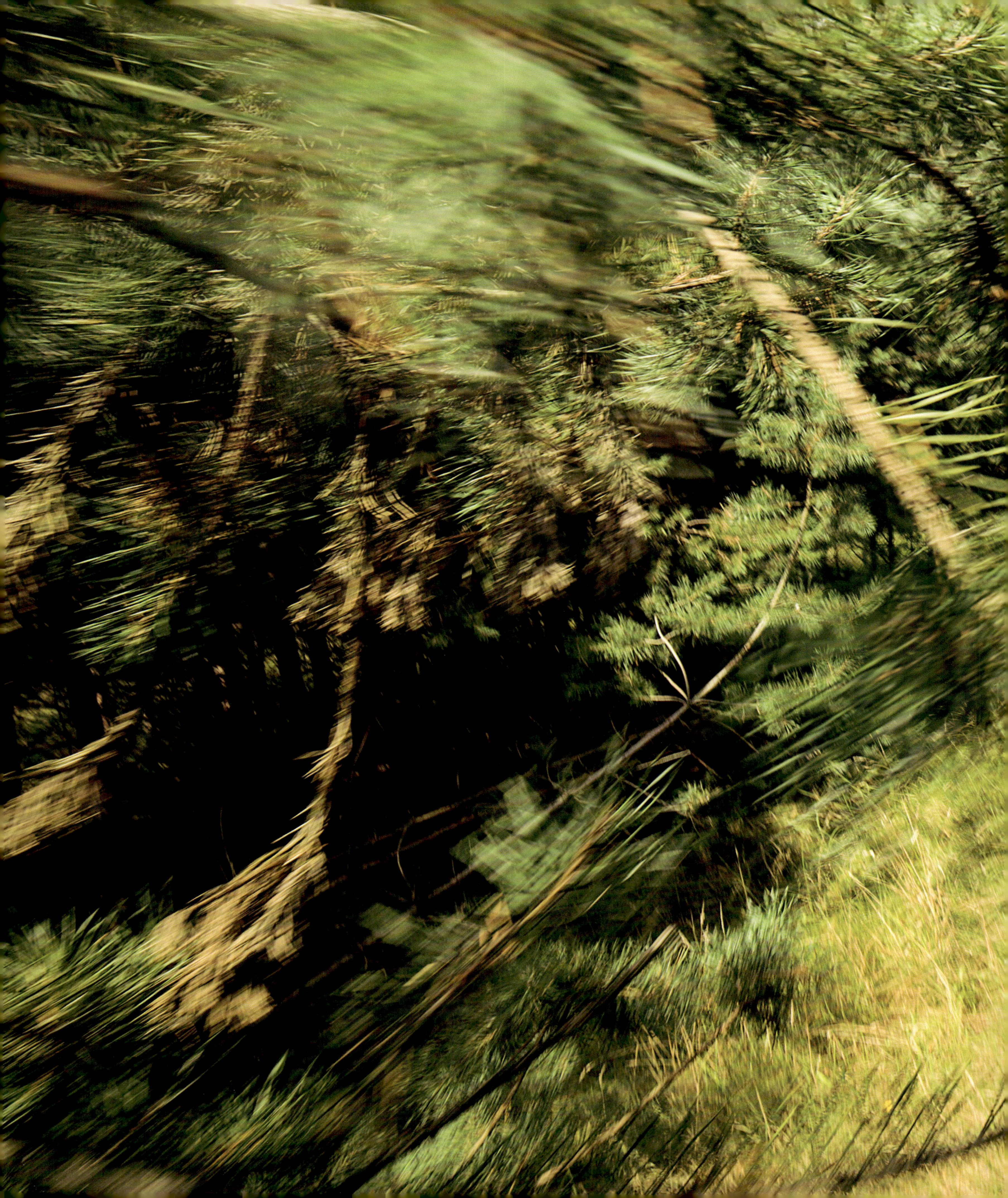

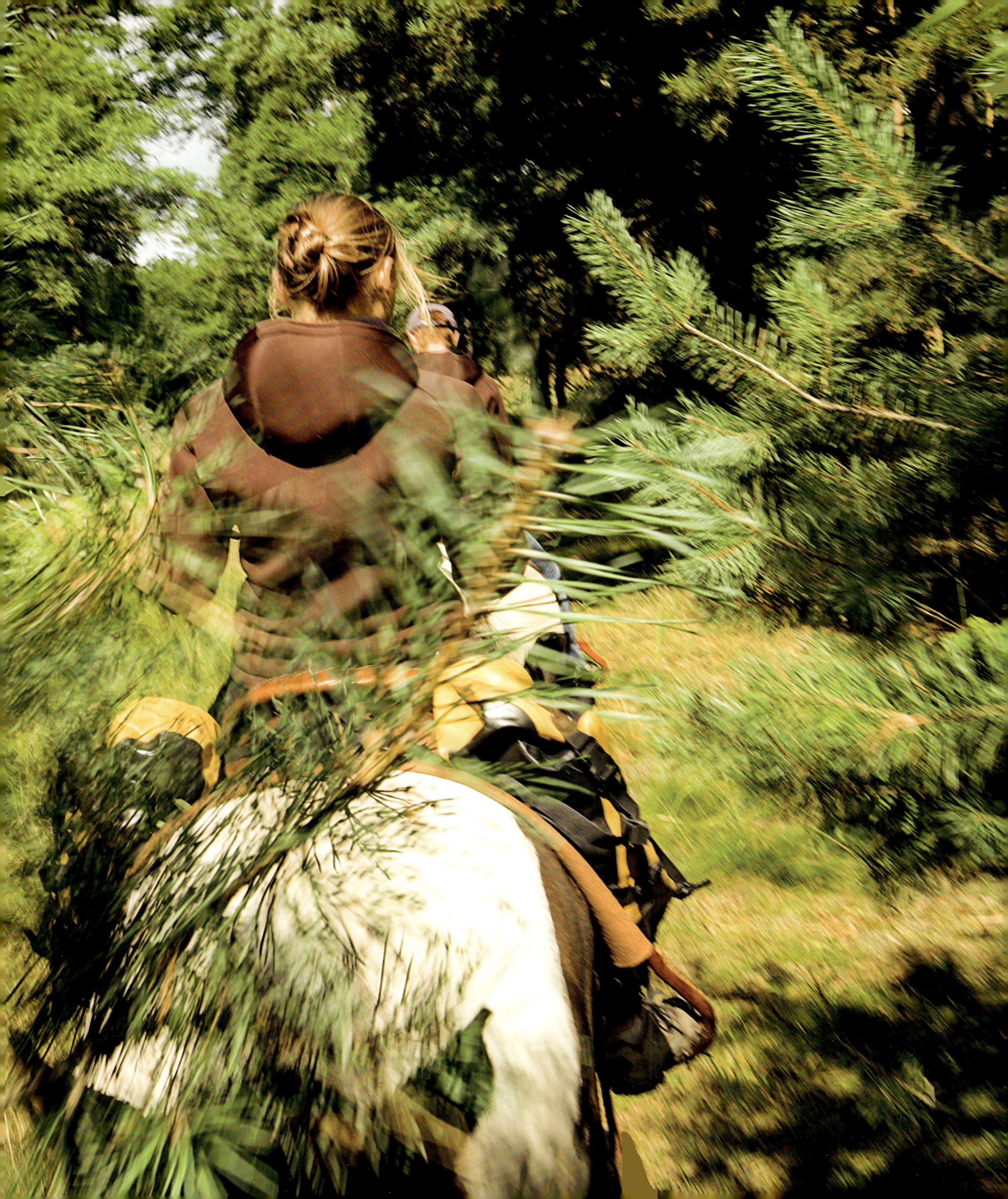

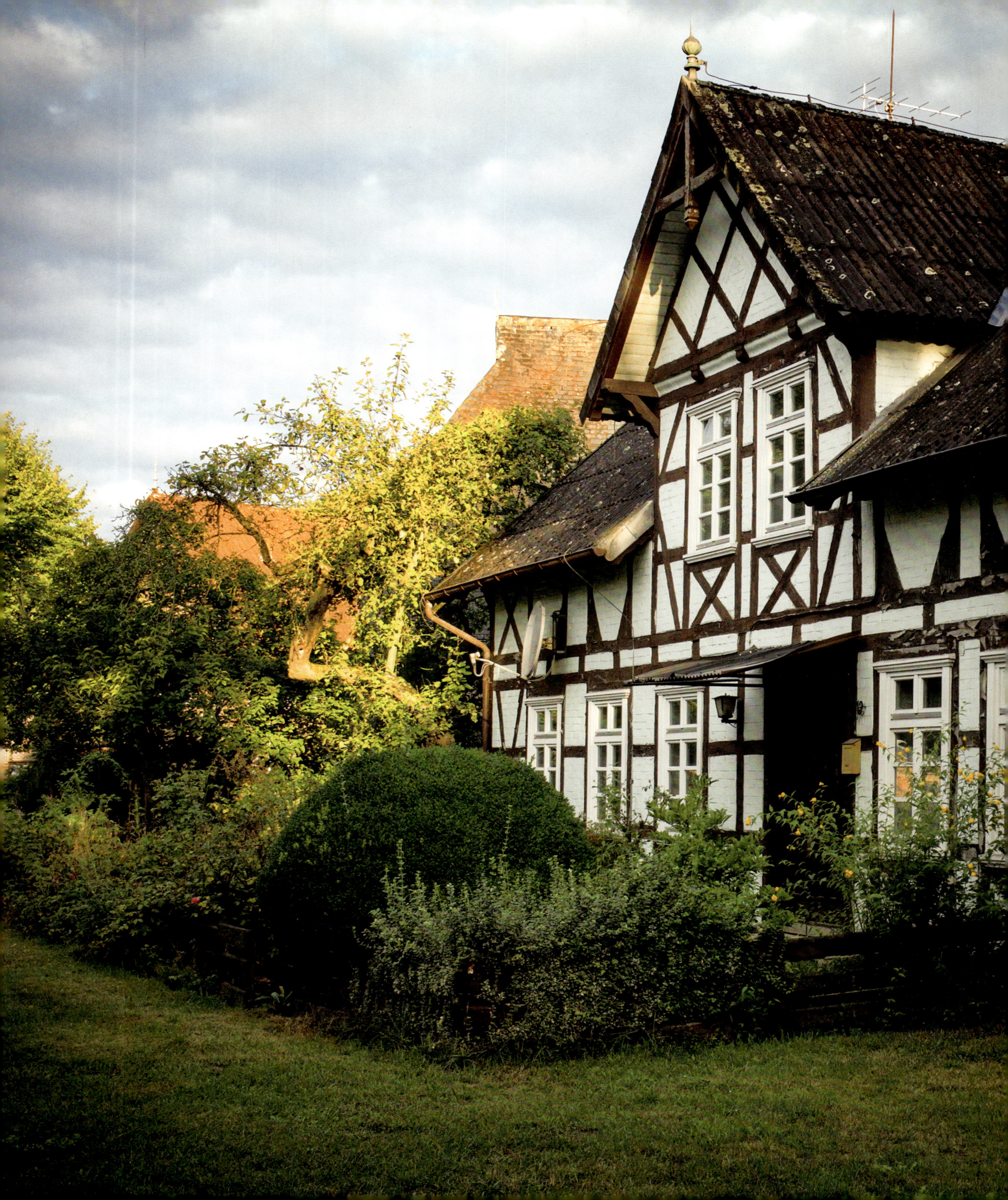

Ein verschworener Nomadenstamm

Der faule Hund wartet hinter einem verrosteten Eisentor, das beim Öffnen lang anhaltend quietscht. Vor uns liegt die wohl verschlafenste, morbideste Unterkunft unserer Reise: eine riesige Freizeitanlage mit Pferdeweiden und Plattenbauten, die „Zum Faulen Hund" heißt. Unter Hitler war sie Kaserne, später NVA-Camp. Dort, wo früher Disziplin gelehrt wurde, begegnet uns heute viel Angefangenes und wenig Fertiges. Auf einem ausrangierten Volvo trocknen schimmelbefleckte Brotscheiben in der Sonne, neben dem Heidschnuckengehege liegt ein faulender Wollhaufen. Die Stimmung auf dem Gelände am Plauer See erinnert an das Brandenburg-Lied des Kabarettisten Rainald Grebe. Zynisch singt er von der Ödnis dieses melancholischen, verlassenen Bundeslandes. «Wenn man Bisamratten im Freibad sieht, ist man im Naturschutzgebiet» – vielleicht muss man erst den „Faulen Hund" besuchen, um diese poetisch-verrätselte Zeile nachempfinden zu können.

Keine Bisamratten, aber einen Steinadler sehen wir in Steckelsdorf, am Hügel beim Friedhof. Er sitzt auf dem kräftigen Unterarm von Oliver Peipe. Der Falkner bereitet das zwei Jahre alte Tier gerade auf seine erste Beute vor. Ein langwieriger Prozess. Er bringt dem Adler Dinge bei, die für ihn in freier Wildbahn selbstverständlich wären, in Gefangenschaft aber muss er sie erst lernen. Auf welchen Ast kann er sich setzen, ohne dass dieser unter seinen viereinhalb Kilogramm zusammenbricht? Wie muss er sich einem anderen Tier annähern, um es zu erlegen? Noch hält Peipe ihn an einer 50 Meter langen Leine – bald aber will er ihn allein fliegen lassen. Er wird ihm genau in dem Moment die Augenklappen abnehmen, wenn vor ihm ein aufgeschreckter Hase läuft. Den Rest soll der Vogel übernehmen.

Wie ist es möglich, einen Adler abzurichten? Wie schafft ein Mensch es, das Tier dazu zu bringen, dass es seine scharfen Krallen und seine unfassbare Spannweite für ihn einsetzt? Angesichts dieser Fragen erscheint uns die Kommunikation mit unseren Pferden relativ einfach. Trotzdem kommt es bei der Arbeit mit Adlern und

Seiten 146/147
Fichten und Kiefern auf dem Weg von Buckau nach Plaue – Hannah bahnt sich ihren Weg.

Links
Architektur des Wendlands: braunes Fachwerk zwischen weißen und roten Wänden. Haus im Rundlingsdorf Lübeln.

Backblech: Brot trocknet vor der Pferde- und Freizeitanlage „Zum Faulen Hund" in Brandenburg. Die wohl morbideste Unterkunft unserer ganzen Reise.

Chrissy (eine Freundin von Barbara, die uns eine Woche lang besucht), Barbara, Hannah und ich pausieren im Schatten, die Pferde dagegen bevorzugen die Sonne.

Wie ist es möglich, einen Adler, das stolze Wappentier zahlreicher Länder, abzurichten? Falkner Oliver Peipe mit seiner Adlerdame.

Seiten 154/155
Wenn das der Deichgraf sieht! Chrissy und ich galoppieren mit Sonne und Pepi kurz vor Sandau in Sachsen-Anhalt über den Elbdeich.

Pferden aufs Gleiche an. Der Mensch muss das Tier zwar seine Dominanz spüren lassen, er darf sie aber nicht ausnutzen. Ein Falkner bekommt seinen Braten nur, wenn er sich auf seinen Adler einlässt. Es bringt nichts, ihn auf ein Reh anzusetzen, wenn er gerade nicht will. Genauso ist es bei uns: Wir lenken unsere Pferde, müssen dabei aber Rücksicht auf sie nehmen. Hätten wir nicht Barbara, Karin und Thommy, die ständig darauf achten, ob ihnen irgendetwas fehlt, würden wir nie ankommen.

In Sandau denken wir darüber nach, wie wir unsere Pferde morgen früh vor dem rutschigen Belag der Elbfähre schützen können. Wir sind uns einig, dass es sinnvoll wäre, ihnen etwas um die Hufe zu wickeln. Nur was? Die Vorschläge sind kreativ: Windeln und Putzlumpen. Wir werden uns allerdings nicht einig über die beste Methode und beschließen, bis zum Anleger vorzureiten und dann zu entscheiden. Am nächsten Morgen dort angekommen, stellen wir fest, dass unser Kopfzerbrechen umsonst war: Der trockene Metallboden ist übersät mit Noppen, und die Fähre gleitet an einem Stahlseil über den Fluss – ohne großartige Schwankungen, die die Tiere verunsichern könnten. Die Pferde stehen so gelassen wie alte Seebären auf dem Schiff.

Es scheint, als seien sie und wir gerade im gleichen Modus. Am Beginn unser Reise war alles aufregend. Das Reiten. Die Landschaft. Die Menschen. Jeden Moment trafen wir auf Neues. Schleichend aber ist das Unerwartete alltäglich geworden. Wir fühlen uns wie ein kleiner, verschworener Nomadenstamm. Das Weiterziehen, das ständige Sich-Anpassen an neue Gegebenheiten ist Grundlage unseres Daseins. Routiniert bauen wir jeden Tag unser Lager ab und wieder auf. Das Chaos der Anfangszeit ist dank „Ein Griff Fif" verschwunden. Wo sind meine Flipflops? Wo ist das Salz? Der Espressokocher? Fif weiß es immer. Er hat in Fahrzeug und Anhänger ein System entwickelt, in dem er innerhalb von Sekunden alles findet. Undurchschaubar, aber effektiv.

Wir verlassen Sachsen-Anhalt und erreichen das Hannoversche Wendland. Bauern bereiten ihre Getreideäcker auf die nächste Ernte

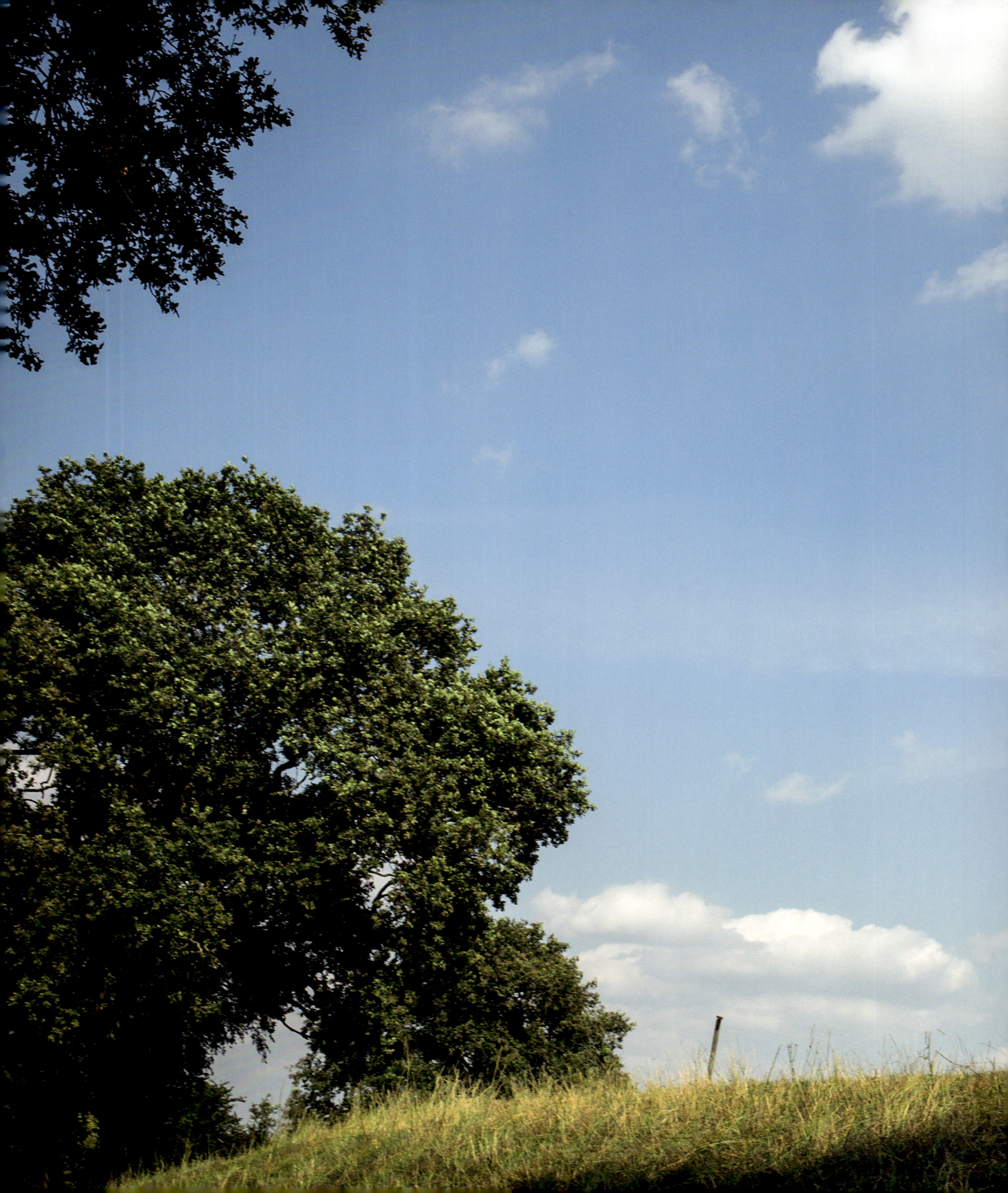

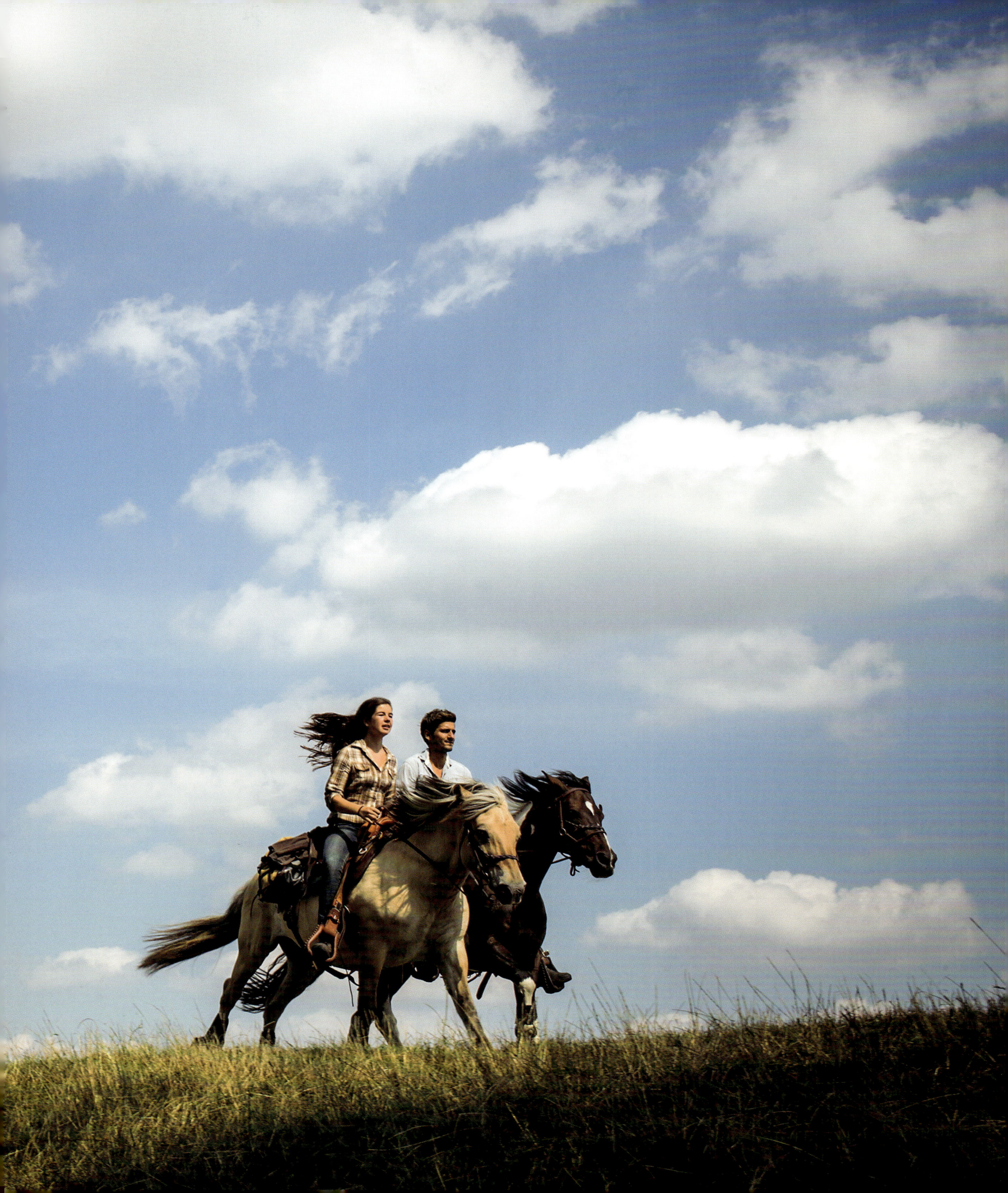

Die Pferde toben durch den Garten von Schloss Calberwisch, in dem wir für eine Nacht wohnen dürfen.

vor. Der Geruch der frisch aufgewühlten Erde weht uns entgegen. Es ist kühler geworden. Zum ersten Mal reiten wir morgens im Regen los. Die Hüte tief ins Gesicht gezogen, verlassen wir Großwitzeetze. Bereits nach einer Stunde rinnt uns das Wasser den Nacken hinunter. Im Gegensatz zu uns scheinen die Pferde Spaß zu haben. Sie schnaufen tief durch, Dampf steigt von ihren Rücken auf. Obwohl beim Traben der Matsch unter ihren Hufen spritzt, sind sie kaum zu halten in ihrem Vorwärtsdrang. Zum Glück verbringen wir die Nacht in einem Gasthof, so können die Klamotten trocknen.

Das Kartoffel-Hotel Lübeln liegt in einem der vielen Rundlingsdörfer des Wendlands. Ovale Siedlungen, die dort entstanden, wo im Mittelalter Slawen und Germanen aufeinandertrafen. Lübeln besteht aus weißen und roten Häusern mit braunem Fachwerk, wie sie überall in dieser Gegend zu sehen sind. Über weiten Türbögen stehen christliche Verse, gemalt auf schmale Balken: «Wir bauen auf Dich, oh guter Gott». Nicht nur im katholischen Süden, auch im protestantischen Norden hat die Religion die Architektur der Dörfer beeinflusst. In Lübelns Mitte steht eine alte Eiche, der massive Stamm umrundet von einer Holzbank. Das Zentrum der Dorfgemeinschaft. Im Eingangsbereich unseres Hotels hängen zahlreiche Fotos von Kuhfladen-Lotterien, Musikfestivals und Mittelaltertreffen, die an der Eiche stattgefunden haben. Die Rundlingsdörfer haben einst die Grundlage dafür gelegt, dass das Landleben im Wendland umtriebiger und gemeinschaftlicher als in vielen anderen Regionen Deutschlands wurde.

Kartoffelsuppe mit Rauchfleisch, Kartoffelpuffer mit Rotwurst, Kartoffelgulasch: Das Abendessen in Lübeln ist norddeutsch vielfältig. So selbstverständlich, wie in der traditionellen Küche des Südens Mehlspeisen zu finden sind, gehört in Norddeutschland die Kartoffel zu einer Mahlzeit, die

Fortsetzung auf Seite 169

Erinnerung an eine menschenverachtende Grenze: Karin
führt Soloma von Sachsen-Anhalt nach Niedersachsen.

Barbara setzt ihre Rädchensporen nur selten ein.
Als sehr erfahrene Reiterin ist sie übrigens die Einzige,
die welche trägt.

Diese aufgescheuchte Pferdeherde begleitet uns eine Weile
am Ufer der Elbe, bis sie von einem Zaun gestoppt wird.

Ein Tipp für wasserliebende Reiter: Am Arendsee in der Altmark gibt es eine Pferdeschwemme, eine Art Badewanne für die Tiere.

16.8.2013

Sandau-Calberwisch, 33 km

Romantischer Ritt zunächst entlang der Elbe. Wir überqueren den Fluss bei Sandau (Vierländereck) mit einer Fähre. Gleich im Anschluss verirren wir uns in einem riesigen Maisfeld. Der Mais steht hier zwei Meter hoch, aber die Pferde bleiben völlig entspannt, bis wir wieder auf unserem ursprünglichen Weg sind. Übernachtung in einem ehemaligen Schloss. Fif hat wieder mal gezaubert. Keine Ahnung, wie er an diese Adresse geraten ist. Auf dem riesigen Gelände galoppieren die Pferde der untergehenden Sonne entgegen. Ich fliege die Drohne, um das Schauspiel zu filmen. Die Pferde gehen ziemlich ab. Johan kocht ein türkisches Gericht mit Spinat. Die Stimmung ist gut, wir freuen uns über die Dusche im Schloss. Die anderen nehmen noch ein paar „Lütte" zu sich. Morgen werde ich froh sein, dass ich nicht dabei war.

In Düsedau dürfen wir uns für eine Nacht als Schlossherren fühlen.

Oben links
Unser Lager in Gülden,
Niedersachsen.

Oben rechts
In Sudermühlen bade ich
mit Soloma im Hofteich.

Mitte links
Manchmal hilft es, nicht nur aufs Navi,
sondern auch auf die Landkarte zu
schauen.

Unten rechts
Unser erster richtiger Ritt im Regen:
Barbara auf dem Weg nach Großwitzeetze.

Rechts Karin und Barbara galoppieren über die Heide.

Blika und ich im Heu – mal eine Abwechslung zur Luftmatratze.

Fähre Zollenspieker

Elbe

Sudermühlen

Obsthof Barum

Lübeln

Großwitzeetze

Sandau

Steckelsdorf

Plaue

Alles Kartoffel. Zu Tisch im Lübelner Kartoffel-Hotel.

Ich lasse meine Drohne fliegen, um Filmaufnahmen zu machen.

Bayerischer Zug: Hannah leert einen halben Liter Apfelsaftschorle.

Links
Unterwegs im lichten Wald, kurz vor der Lüneburger Heide.
Unten
Wahnsinn, wie Rooh sich entwickelt hat. Ihn bringt kaum noch was aus der Ruhe.

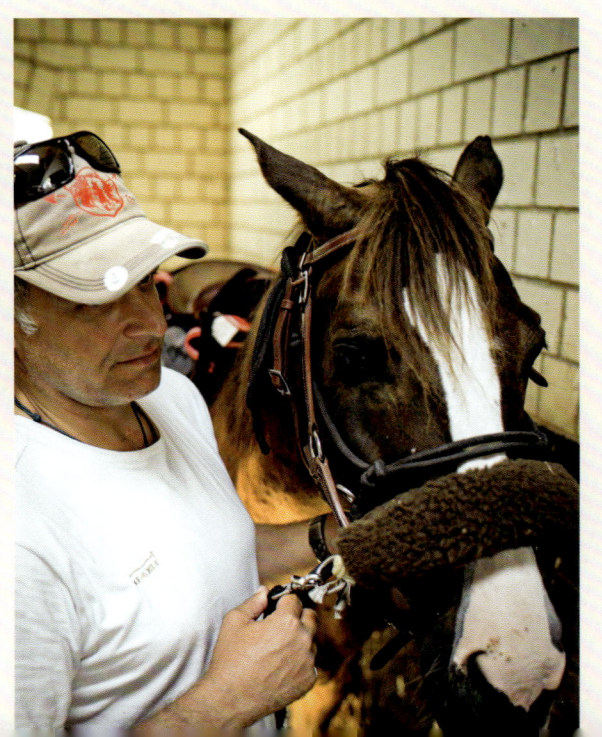

Links
Blika gibt Pfote, Soloma bleibt cool.

Das ist seit über einem Monat mein Schlafzimmer.

Dieser Bock beobachtet unser Treiben im Schloss Calberwisch.

Oben links
Schafherde bei der Deichpflege.

Oben rechts
Fif tüftelt mal wieder bis
tief in die Nacht an der Route
für den nächsten Tag.

Oben
Ein begeisterter Botaniker:
Jürgen Feder zeigt
uns Hundskamille und
Acker-Krummhals.

Rechts
Wir legen den Pferden
immer häufiger Bandagen an,
um ihre Beine zu schonen.

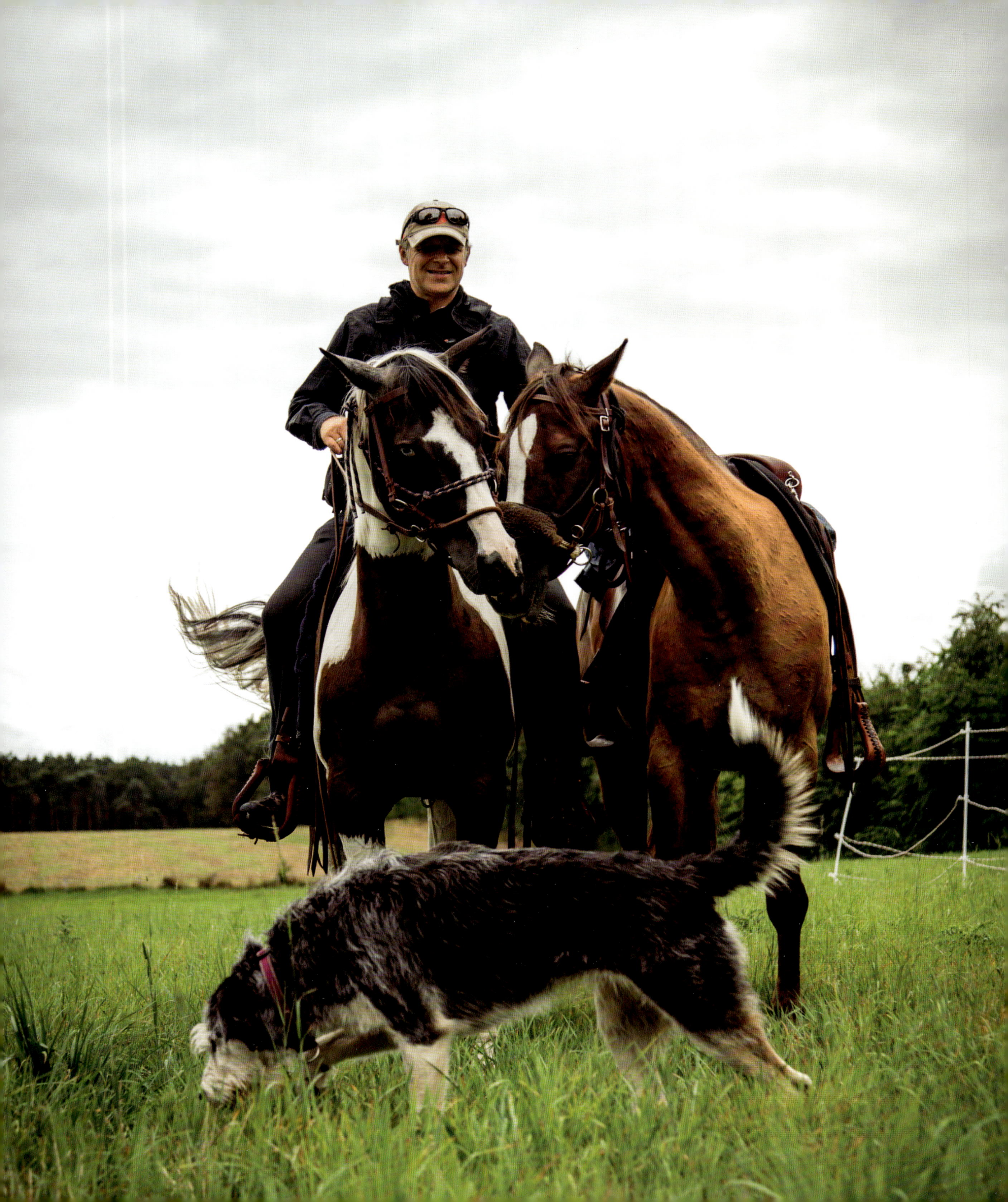

Links
Familienbesprechung vorm Abritt: Florian mit seinen Pferden Soloma und Rooh, Blika will auch dabei sein.

Seiten 170/171
«Bunt sind schon die Wälder, gelb die Stoppelfelder». Bald beginnt der Herbst, und es ist höchste Zeit, dass der niedersächsische Bauer, über dessen Feld wir reiten, seine Strohballen einfährt.

Seiten 172/173
Im Tiefflug über die karge Lüneburger Heide. Eine Landschaft, in die man früher allenfalls fuhr, um Bäume zu roden.

von Alteingesessenen als vollwertig anerkannt wird. Mit gutem Grund: Fast die Hälfte der in Deutschland angebauten Kartoffeln stammen aus Niedersachsen, besonders viele wachsen im Nordosten, im sandigen Boden rund um Uelzen. Immer wieder reiten wir an Äckern vorbei, auf denen das grüne Kraut aus lang gezogenen Hügeln sprießt. Über Schlauchwagen, die aussehen wie riesige Schnecken, fließt Wasser zu Sprenganlagen. Der Versuch, die Sommerdürre zu verdrängen.

Wir reiten in die Lüneburger Heide. Nachdem wir in den vergangenen Wochen bereits die Dübener und die Schönfelder Heide hinter uns gelassen haben, ist es höchste Zeit, dass wir uns einmal genauer mit dieser Landschaftsform beschäftigen. Was genau zeichnet die Vegetation hier aus? Es gibt wohl keinen Menschen, der uns diese Frage so kompetent und unterhaltsam beantworten kann wie Jürgen Feder. Der Botaniker ist für einen Pflanzenatlas jahrelang durch Niedersachsen gewandert. Daraus kann er so mitreißend erzählen, dass Stefan Raab ihn in seine Talkshow einlud. Der Moderator hatte ihn zuvor in einer Dokumentation des Norddeutschen Rundfunks gesehen. Wir treffen Jürgen Feder in Dehnsen. Er ist aus dem knapp über 100 Kilometer entfernten Bremen angereist und begleitet uns einen Vormittag lang auf einem Elektrorad. Immer wieder halten wir an, und er zeigt uns heidetypische Pflanzen. Besondere wie das Berg-Sandglöckchen, die Grasnelke oder den Acker-Krummhals und allgemein bekannte wie das lila blühende Heidekraut. Alles Pflanzen, die viel Licht bräuchten und sandigen, nährstoffarmen Boden, sagt Feder. Obwohl er so schnell redet, dass sich seine Stimme immer wieder überschlägt, kommen wir nur langsam voran. Jürgen Feder würde auf jedem Quadratmeter Niedersachsens eine Geschichte entdecken, für die es sich lohnt, stehen zu bleiben. Die Heidelandschaft, erzählt er, habe früher als besonders fruchtlos gegolten. Ein abgelegenes Gebiet,

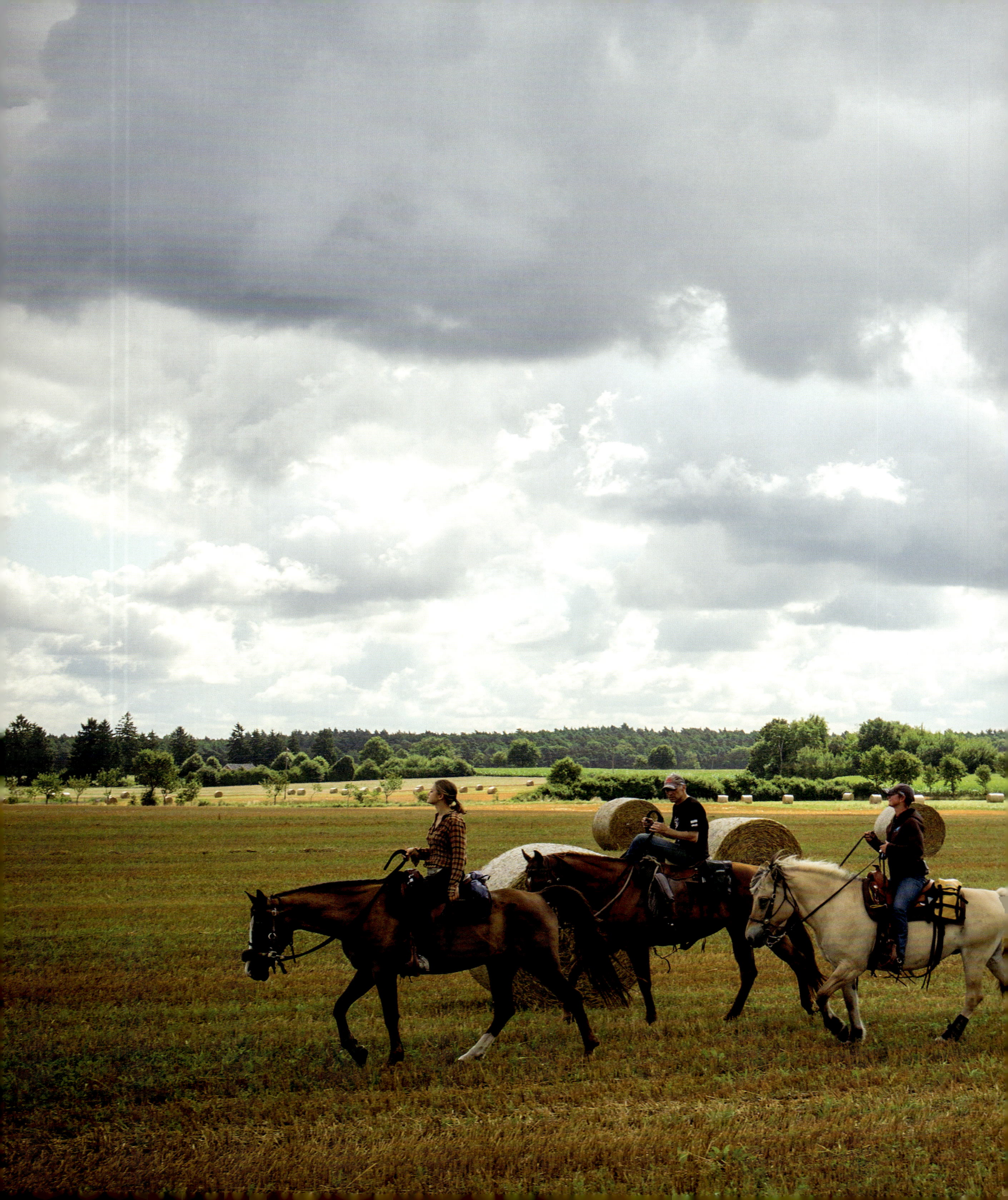

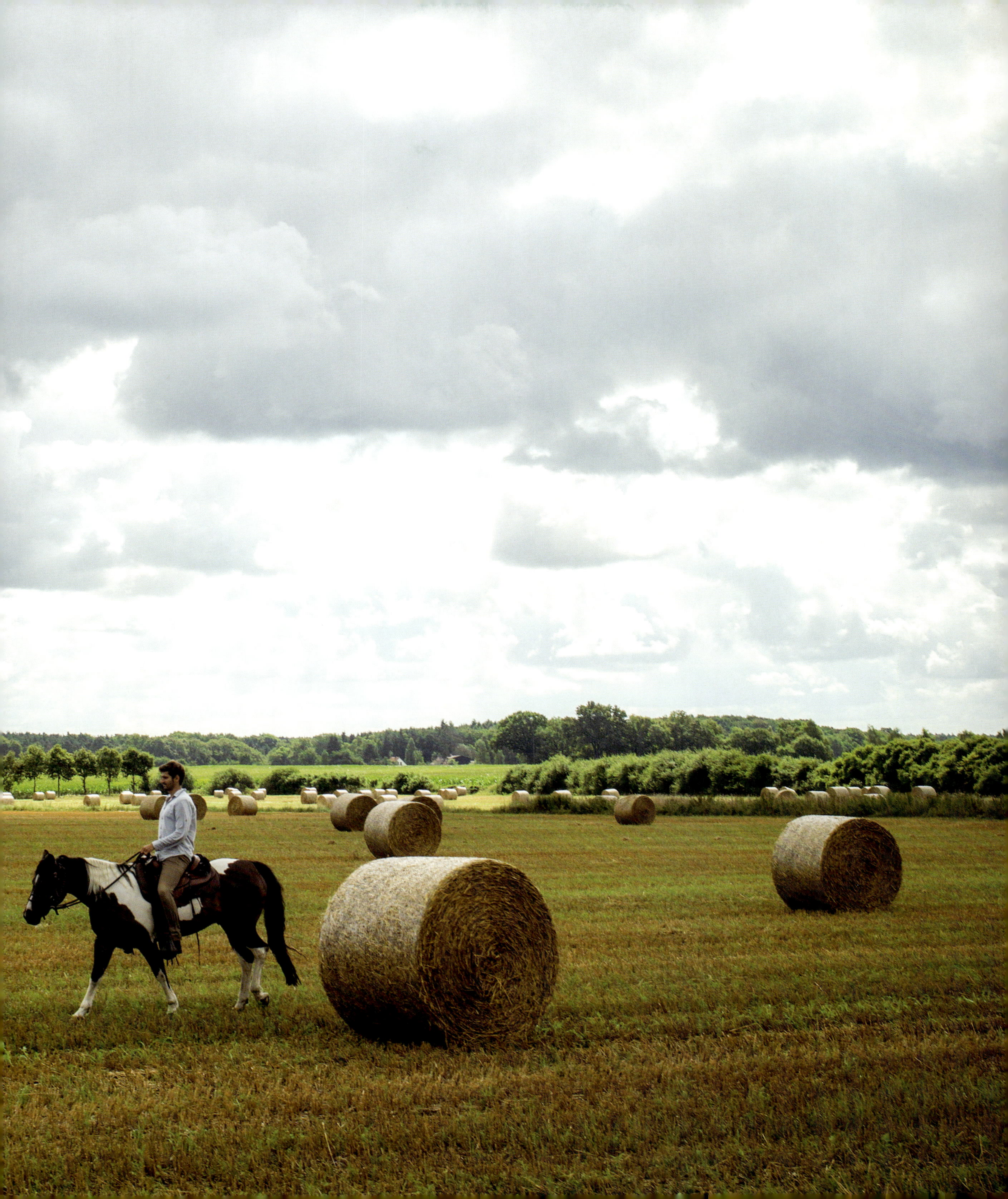

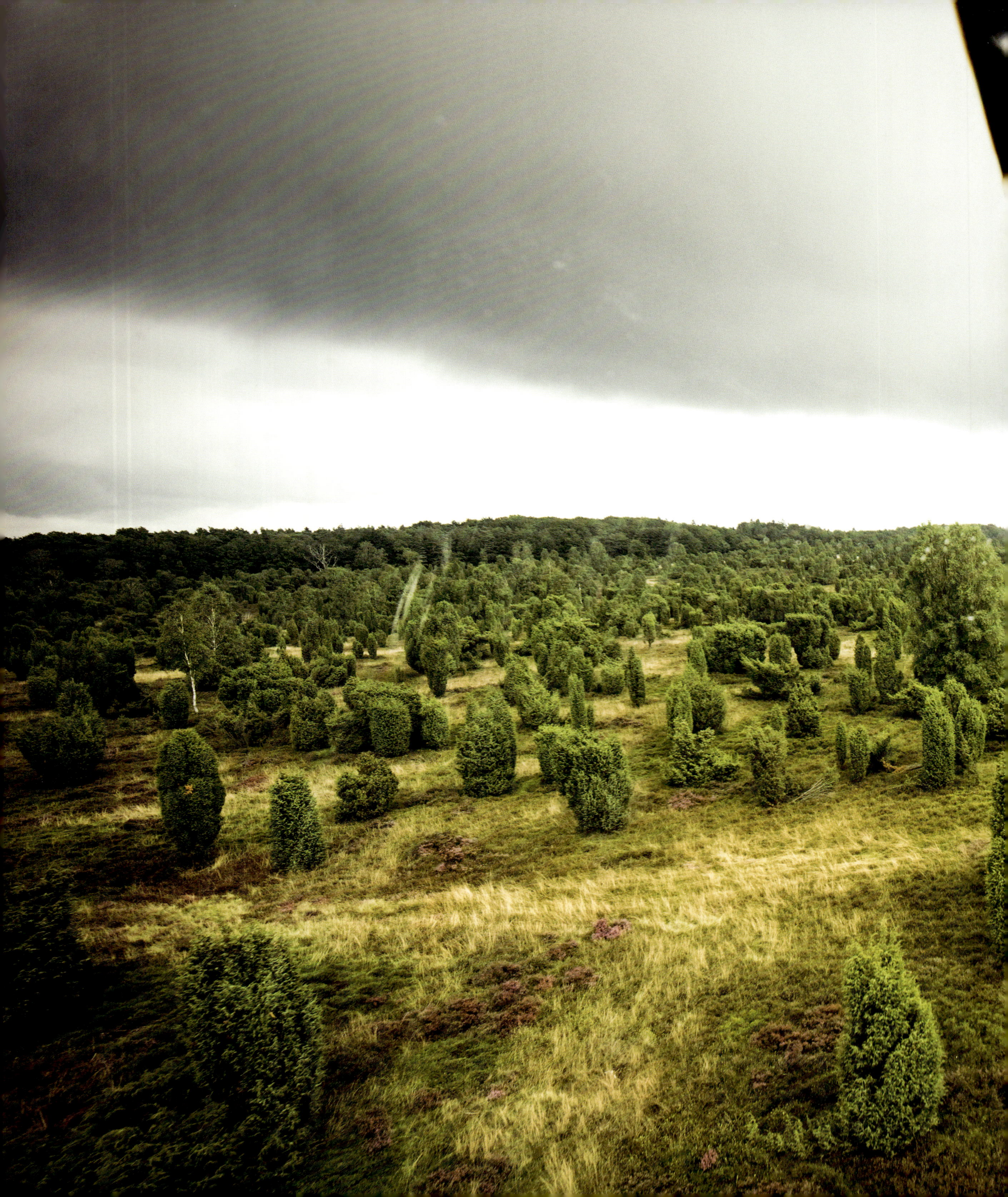

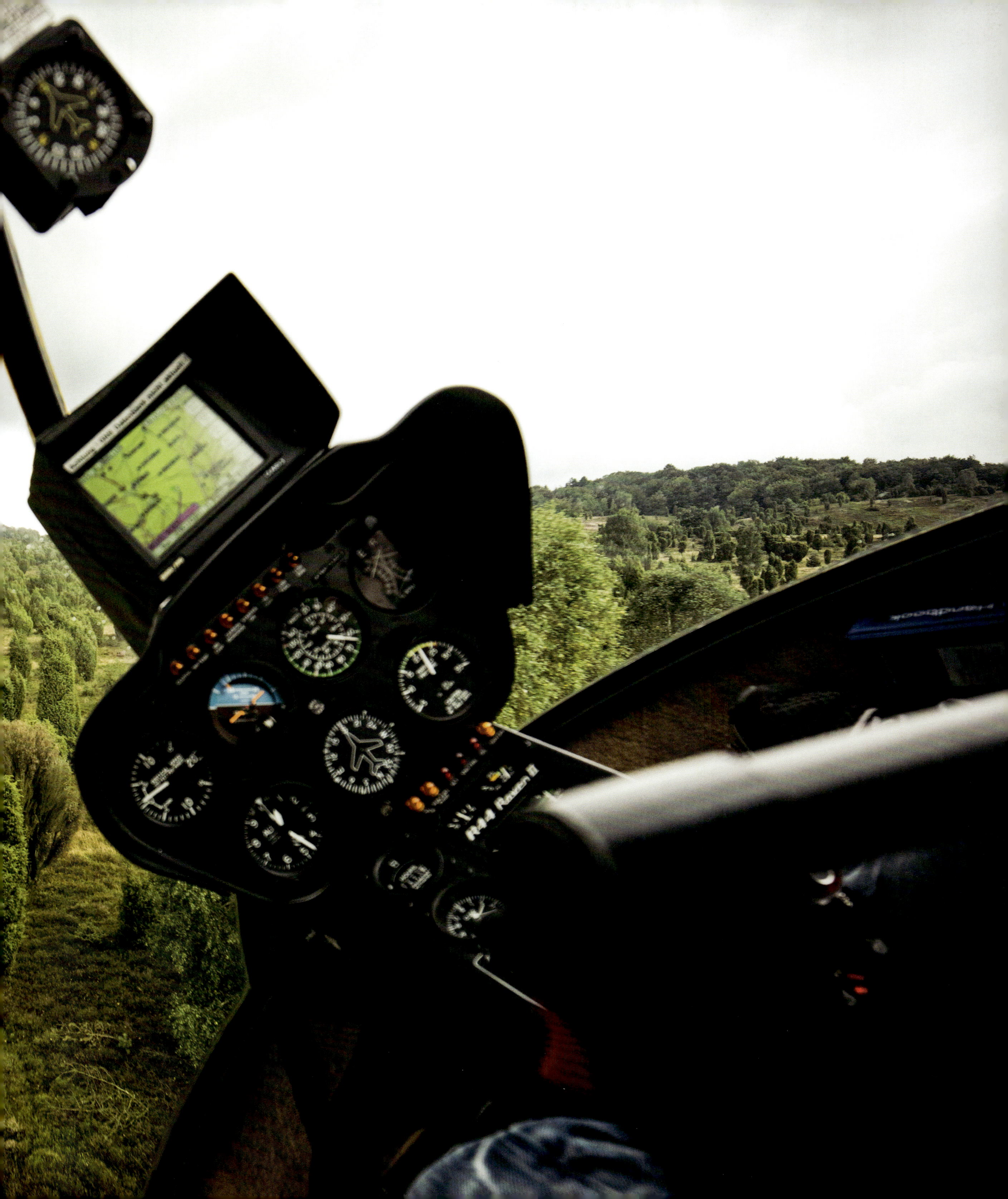
R44 Raven II

Zwischen Barum und Dehnsen: Barbara und Thommy galoppieren
vor Florian durch den Wald.

Seiten 176/177
Überwältigende Stimmung. Sechs Uhr morgens, die Sonne blinzelt das
Heidekraut an und entzieht ihm die Wassertropfen der Nacht.

in das man allenfalls fuhr, um Holz für nahe gelegene Städte zu roden. Dann, in der Nachkriegszeit, wurde sie zur Projektionsfläche heimatlicher Sehnsüchte. Es entstanden Filme wie „Grün ist die Heide". Versuche, offene Kriegswunden mit Bildern idyllischer Natur zu behandeln.

Sechs Uhr morgens, die Sonne blinzelt aufs Heidekraut und entzieht ihm die Wassertropfen der Nacht. Es fühlt sich an, als wären wir irgendwo zwischen Prärie und Provence und nicht kurz hinter Sudermühlen. Berauscht galoppieren wir über die Sandwege. Schneller, schneller. Ein Reitertraum. Es ist nichts zu hören, außer dem Prusten der Pferde und dem dumpfen Aufschlagen ihrer Hufe. Ein bezaubernder Start in den Tag, der sich kurz darauf ins Gegenteil verkehrt: Uns ereilen gleich zwei Stürze. Zuerst buckelt Pepi und drängt Sonne vom Weg. Die Fjordstute kann Hannah, die fotografierend vor uns steht, nicht ausweichen und rennt sie um. Hannah fällt auf ihren Rücken, Barbara und Florian laufen zu ihr, wir anderen halten die Pferde – würden aber lieber auch bei ihr sein. Zum Glück steht sie kurze Zeit später auf und sagt, es könne weitergehen. Das passt zu ihr. Ein Energiebündel, das sich nicht so leicht von seinen Zielen abbringen lässt. Der zweite Sturz: Soloma stolpert im Galopp, kann sich nicht fangen und überschlägt sich. Dabei fällt Florian vom Pferd, es gelingt ihm aber, sich am Boden abzustützen. Auch er sitzt wenige Minuten später wieder im Sattel, schwingt die zerschrammten, bandagierten Hände wie ein Boxer vor seinem großen Kampf. Eine verspielte Jetzt-erst-recht-Haltung, wie wir sie an ihm schätzen. Zwei kaputte Fäuste, ein kollektives Halleluja – wir sind erleichtert, als wir abends ohne weitere Zwischenfälle in unserem Lager in Luhdorf ankommen. Komisch, wochenlang ging alles glatt und dann innerhalb eines Tages gleich zwei Stürze. Vielleicht ein Zeichen, wieder aufmerksamer zu werden.

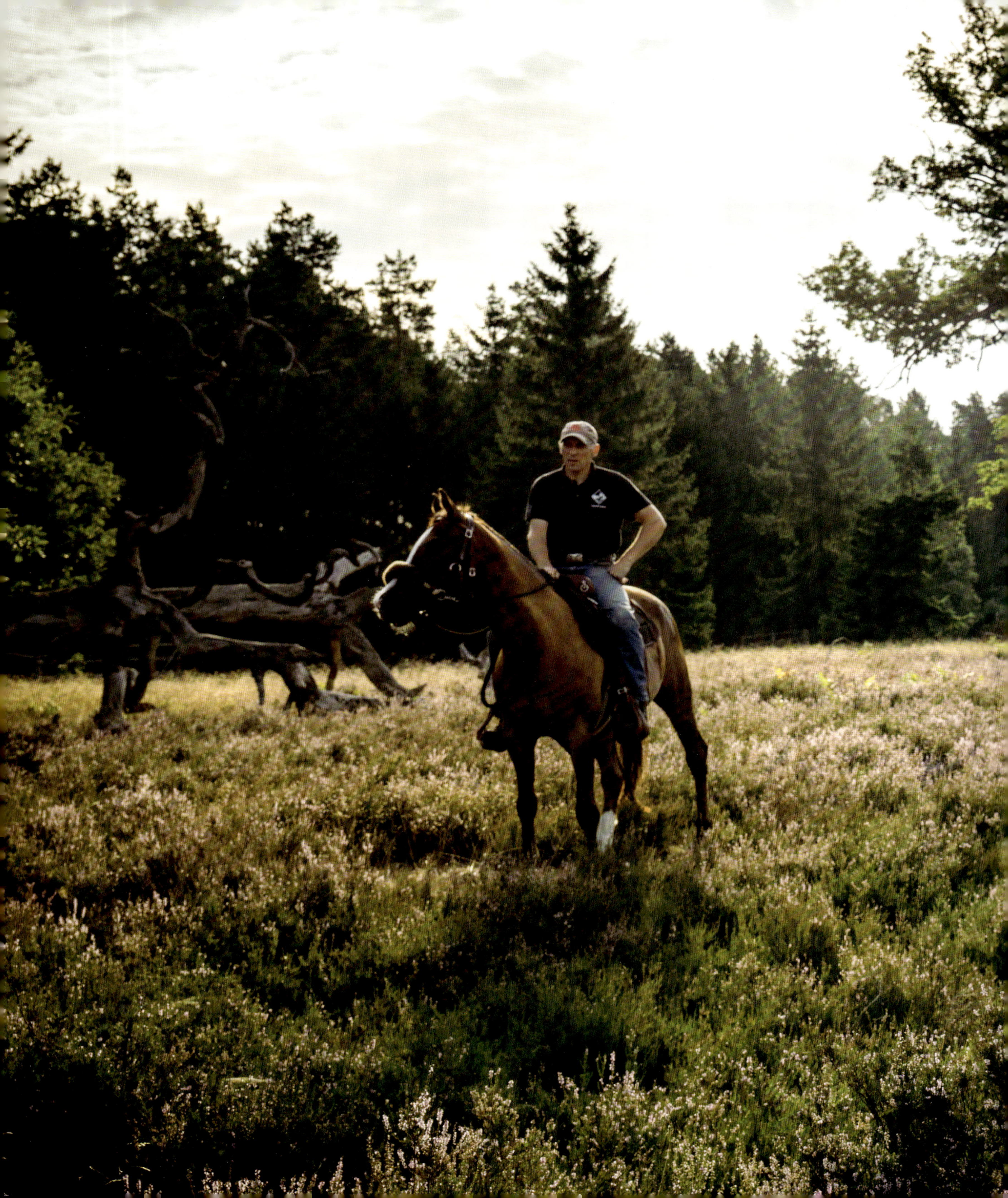

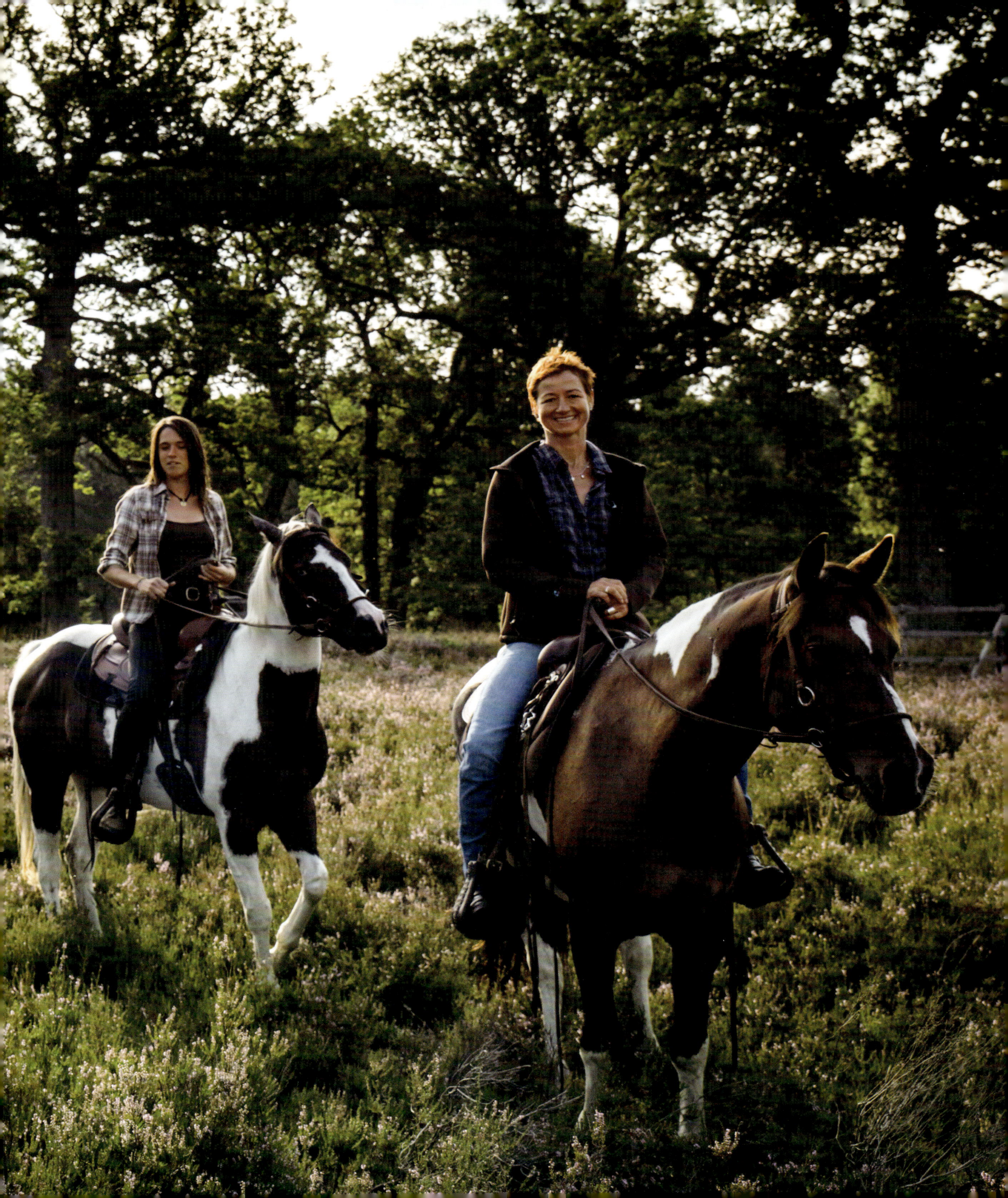

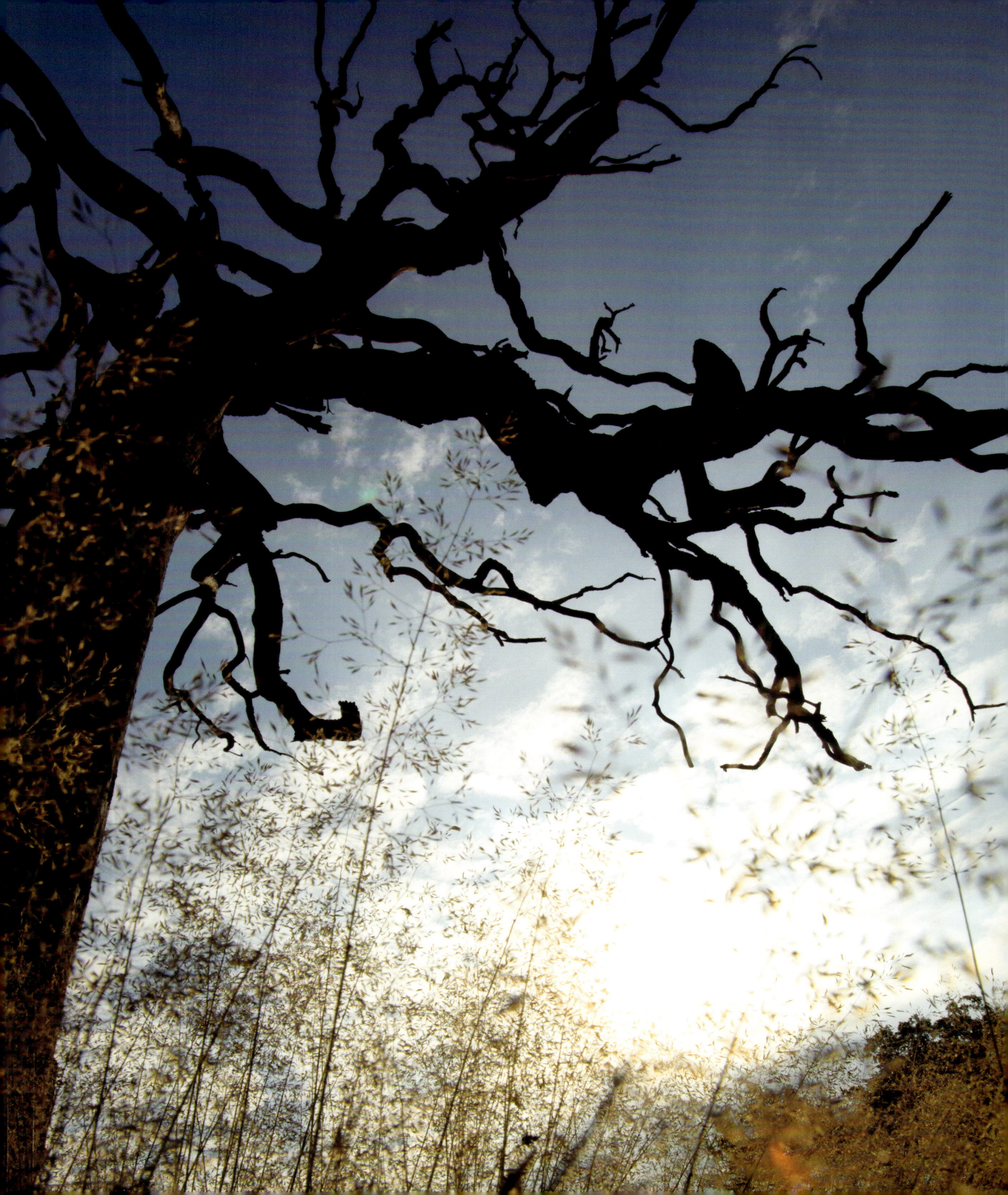

Links
Kleiner Abstecher in die Göhrde, ein ehemaliges kaiserliches Jagdrevier. Ob die Stieleiche diese Zeiten schon mitbekommen hat?

Seiten 180/181
Schneller, schneller. Wir galoppieren über die staubigen Sandwege der Lüneburger Heide, es ist nicht mehr zu hören als das Schnauben der Pferde und der dumpfe Aufprall ihrer Hufe.

In Hoopte stellen wir fest, dass die Gedanken, die wir uns in Sandau über die Fährfahrt gemacht haben, doch nicht unnütz waren. Wieder liegt die Elbe vor uns, und wieder müssen wir sie mit einem Schiff überqueren. Dieses Mal ist der metallene Boden glitschig, und wir müssen tatsächlich befürchten, dass die Tiere ausrutschen und sich dabei verletzen könnten. Deshalb binden wir ihnen orangefarbene Putzlumpen um die Hufe und befestigen diese mit Paketband. Es ist Sonntag, und mit uns auf der Fähre stehen zahlreiche Motorradfahrer, die das gute Wetter für einen Ausflug über den Elbdeich nutzen. Unruhig werden unsere Pferde ihretwegen nicht, selbst nicht, als sie sich nach der Ankunft am anderen Ufer wie ein Schwarm heiserer Wespen davonmachen.

Dort, am Zollenspieker, neben dem Imbiss, treffen wir Käpt'n Kuddel. Dass wir uns in Hamburg befinden, wissen wir spätestens jetzt. Da, wo Menschen aus anderen Regionen ein «sch» nuscheln, formt er ein spitzes «s», das fast klingt wie ein «z»: «ztein» nicht «schtein». Seit über 30 Jahren schon betreibt Kuddel die Fähre zwischen Hoopte und Zollenspieker. Er steuert aber nur noch selbst, wenn seine zwei Kapitäne ausfallen. Sonst steht er am Ufer und schaut, dass alles läuft, auch wenn wie heute der scharfe Nordostwind ihm dabei fast seine marineblaue Schiffermütze vom Kopf weht. Die Besucher würden verlangen, dass er persönlich da sei, wenn sie hierherkämen, sagt er. «Moin Kuddel», ständig laufen Menschen an ihm vorbei, die ihn grüßen wie einen guten Bekannten. «Dass ich Karl-Heinz Büchel heiße, interessiert nur das Finanzamt», sagt Kuddel und deutet erstmals während unseres Gesprächs ein Lächeln an. Ein reservierter Hanseat, der zunächst prüft, wie sehr er sich seinem Gegenüber öffnen möchte. Zu vertrauen scheint er uns, als wir ein Fischbrötchen vor seiner Imbissbude essen. Hering mampfend stehen wir neben ihm und schauen auf die wogende Elbe. Der letzte Blick auf einen Strom, der uns über zwei Wochen begleitet hat.

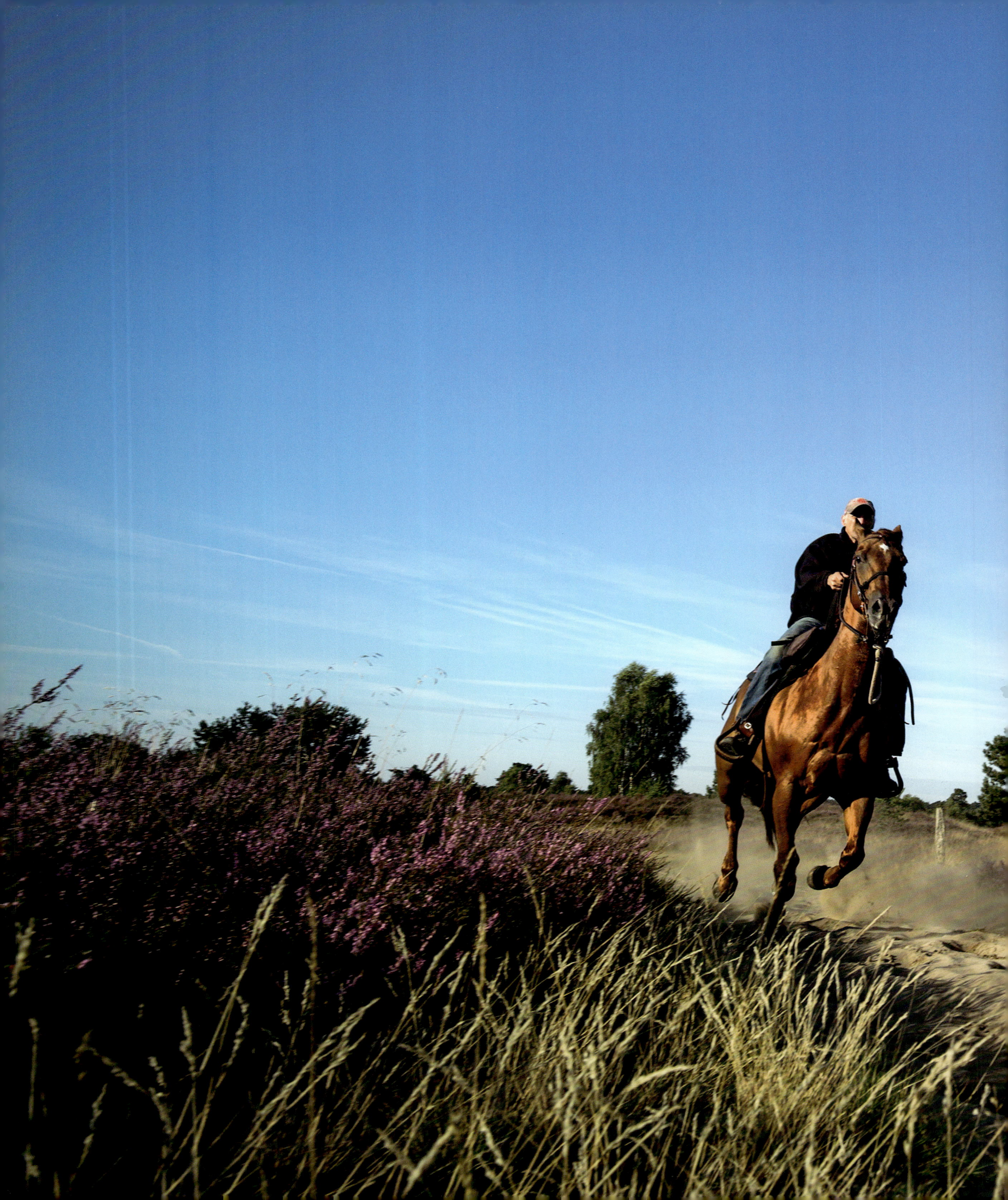

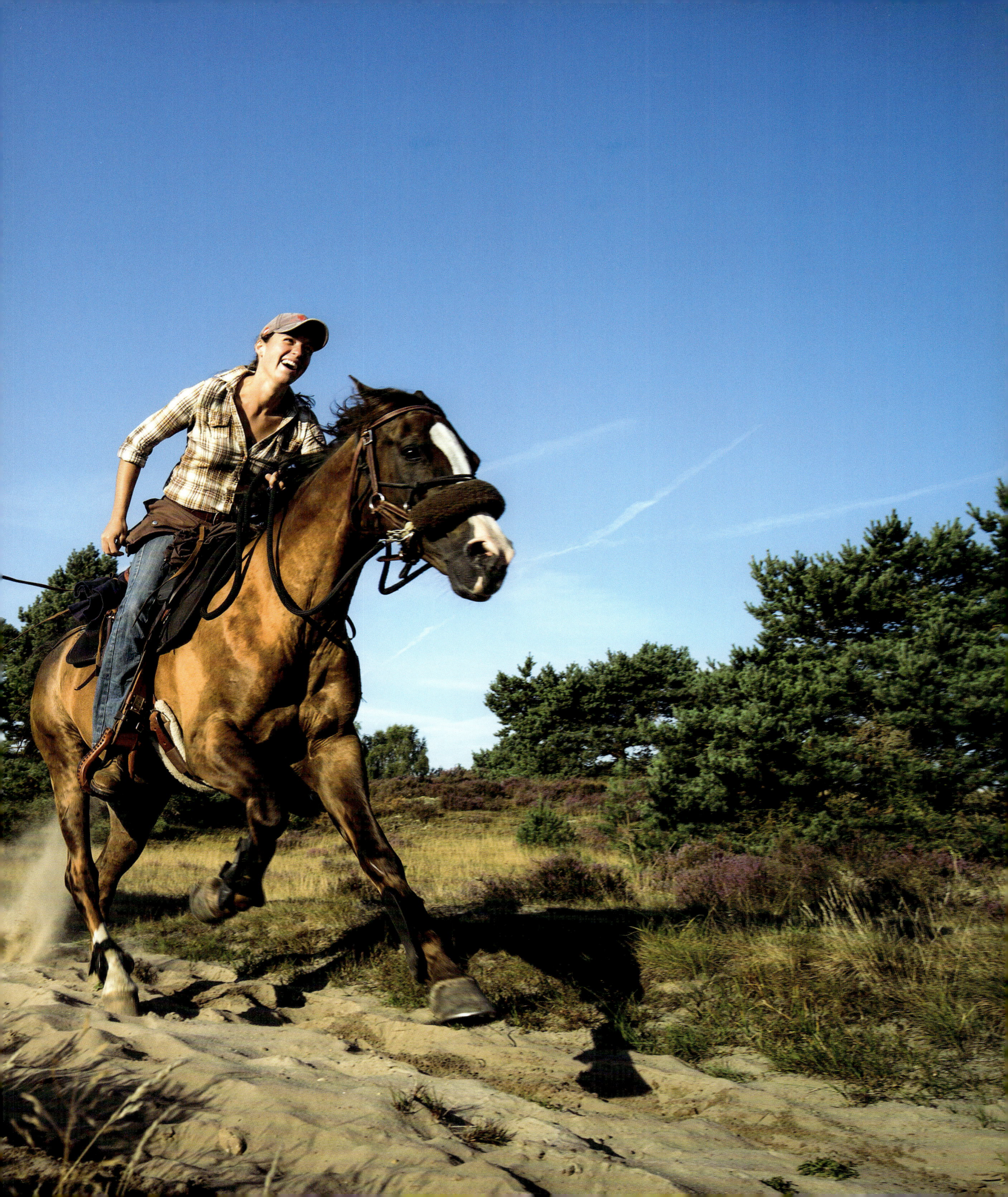

Die Pferde haben es schon geschafft, jetzt ist Fif dran: Fährfahrt über die Elbe von Hoopte nach Zollenspieker, von Niedersachsen nach Hamburg.

Seite 184
Rückblick: Mit dieser an einem Seil gleitenden Fähre haben wir bei Sandau in Sachsen-Anhalt über die Elbe übergesetzt.

Käpt'n Kuddel betreibt seit über 30 Jahren die Elbfähre, dass er Karl-Heinz Büchel heißt, weiß nur das Finanzamt.

Seite 185
Haben wir eigentlich Ersatzklamotten dabei?
Karin und Thommy durchpflügen mit Soloma und Olena den Arendsee.

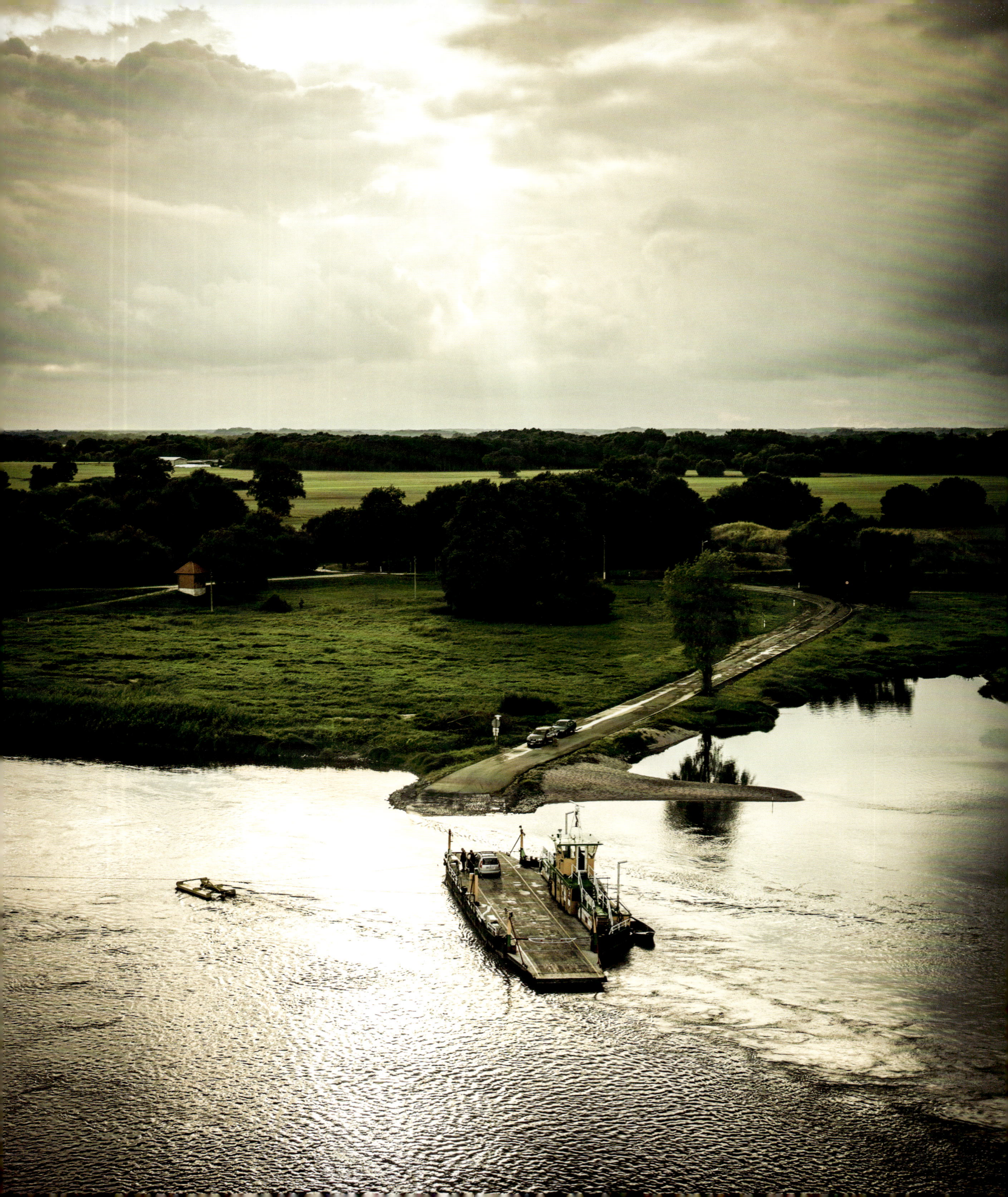

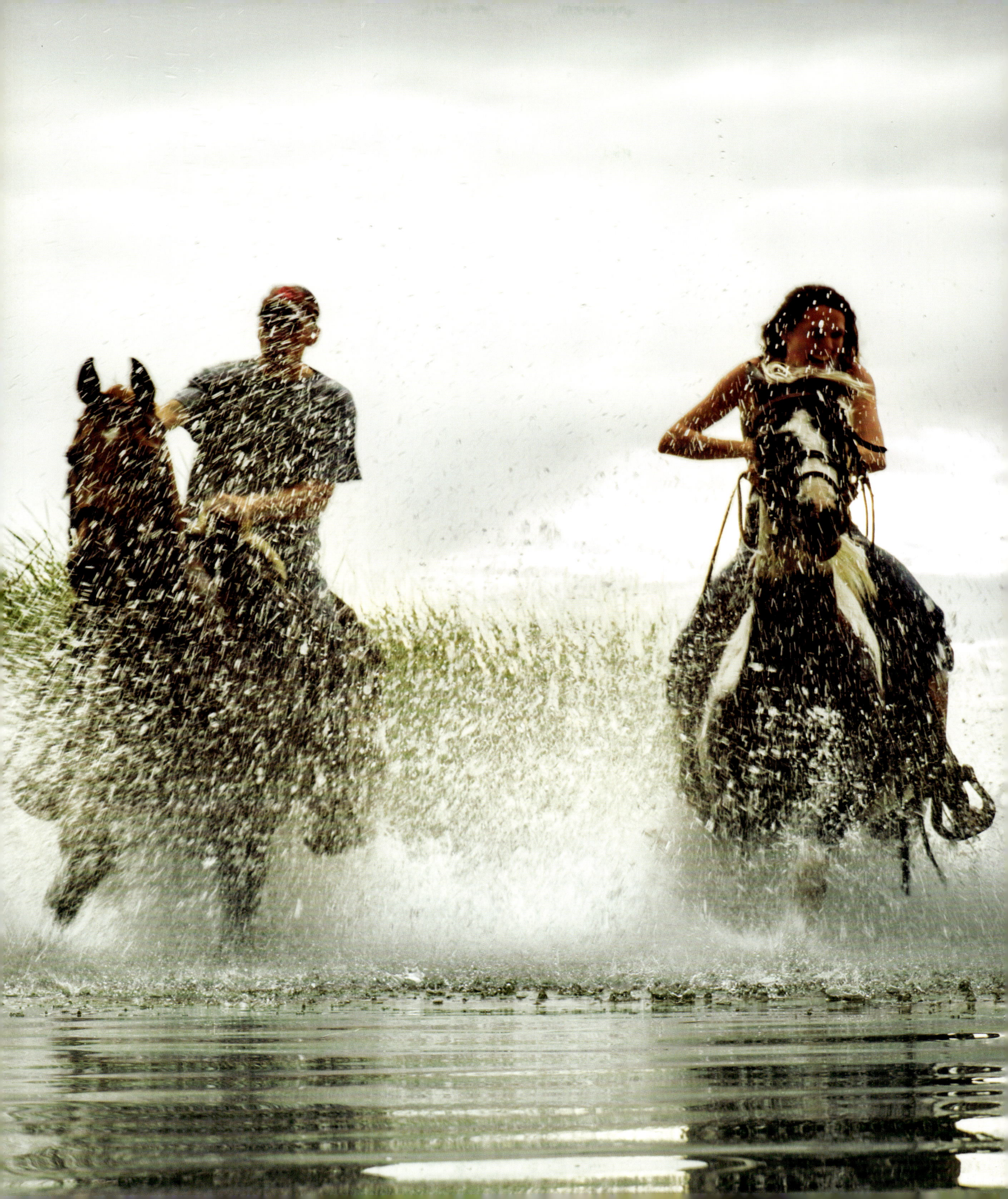

KUNST IN KRÖTE

Irmhild Schwarz hat in den Siebzigern gegen das Atommülllager Gorleben protestiert und tut es immer noch – mit Kunst. Sie hat das Wendland verändert, gemeinsam mit vielen anderen Kreativen.

«Ding, iss auch Brocken.» Diesen Satz mag Irmhild Schwarz. Er stammt aus dem Grimmschen „Märchen von der Unke". Die Künstlerin hat ihn auf eine ihrer gegenständlichen Collagen geschrieben, auf einen Kasten, an dem ein brauner Teller, ein silberner Löffel und viele bunten Perlen haften. Der Satz verlangt, was Irmhild Schwarz seit den 1970er Jahren macht: nicht nur das Leben genießen, sondern sich an einem unverdaulichen Brocken abarbeiten. Am Atommülllager Gorleben.

Schwarz ist nicht allein. Seit sich Ende der Siebziger die Bundesregierung unter Kanzler Helmut Schmidt dazu entschloss, Müll aus Kernkraftwerken in Gorleben zu lagern, beschäftigt sich das ganze Wendland mit diesem Brocken. Alteingesessene, Hinzugezogene, Junge und Alte, Linke, Rechte, alle haben eine Meinung zu ihm. Dafür oder dagegen? Um diese Frage kommt man nicht herum, wenn man hier heimisch sein möchte. Gelbe Kreuze, das Zeichen der Atomkraftgegner, stehen in den Vorgärten der alten Fachwerkhäuser.

Das Absurde am Atommülllager ist, dass es das Leben im Wendland bedroht und gleichzeitig beschwingt hat. Es hat dafür gesorgt, dass Menschen wie Irmhild Schwarz hierherzogen. Großstädter, die in die Provinz kamen und blieben. Gorleben wurde in den Siebzigern zum bundesweiten Schauplatz der Atomkraftfrage. Schwarz, damals noch Studentin in Berlin, ärgerte sich, dass die Medien nur berichteten, wenn Protestler und Staatsgewalt mal wieder aufeinander prallten. In Brand gesetzte Straßenblockaden und Wasserwerfer waren nichts für sie, dafür ist sie viel zu besonnen. Sie wollte zeigen, was kaputtginge, wenn die zerstörerische Strahlung doch nicht in ihren Fässern bleiben und sich im Wendland entfalten würde. Gleichzeitig wollte sie ein Signal gegen Atomkraft setzen. Heute common sense, in den Siebzigern noch nicht. Die Zeit der Künstlerin kam, als der medienwirksame Krawall abebbte.

«Ding, iss auch Brocken.»
Irmhild Schwarz zeichnet an Märchengestalten.

Oben links
Protestmaterial: Egal, woran
Irmhild Schwarz arbeitet,
der Anti-Atomkraft-Gedanke
schwingt mit.

Oben rechts
Unheimlicher Motor: Das Atommülllager Gorleben hat dafür
gesorgt, dass seit den Siebzigern
zahlreiche Kreative ins Wendland
gezogen sind.

Seiten 188/189
Das Wehr bei Quitzöbel an
der Grenze zwischen Sachsen-
Anhalt und Brandenburg.
Bei Hochwasser werden die Tore
heruntergelassen, und die
Elbe entlädt sich in der Havel,
wie im Juni 2013.

Gemeinsam mit ihrem Mann, einem Architekten, zog sie Mitte der Achtziger nach Kröte. Ein Dorf im Landkreis Lüchow-Dannenberg, in dem um die zehn Häuser stehen. Sie erwarben eine zerfallene Kartoffelscheune und bauten sie zu einem elegant-rustikalen Wohnhaus um. Mit einem Dutzend Kreativer gründete sie 1990 die Kulturelle Landpartie. Übers ganze Wendland veranstalteten sie Ausstellungen und Führungen. Ein Versuch, nachhaltig gegen Atomkraft zu protestieren, der in der Region nicht bei allen gut ankam. Der Landrat, erzählt Schwarz, habe damals dazu aufgerufen, die durchgeknallten Künstler nicht zu unterstützen. Es dauerte aber nicht lange, bis die alteingesessene Landbevölkerung sich für das Kulturereignis begeisterte. Die Landfrauen organisierten Kuchenstände, die Bauern räumten ihre Scheunen leer und stellten sie zur Verfügung.

Auch wenn so mancher Landwirt den Kopf geschüttelt hätte, wenn seine neuen Nachbarn im Garten Nacktyoga praktizierten – insgesamt sei die Region sehr offen für die alternativen Neuankömmlinge gewesen, sagt Schwarz. Das Ergebnis der Fusion von Provinz und Kunst: Heute kommen im Frühjahr jährlich schätzungsweise 50 000 Besucher zur Kulturellen Landpartie ins Wendland, nach Kröte etwa 5000. Schwarz, die bis heute die Plakate illustriert, liebt den Trubel dieser Tage. «Wenn er vorbei ist, laufe ich wie ein gestörtes Huhn durchs Dorf und quatsche alle an», sagt die 62-Jährige. Es ist die Zeit, in der sie spürt, wie lohnend es ist, sich an einem Brocken festzubeißen.

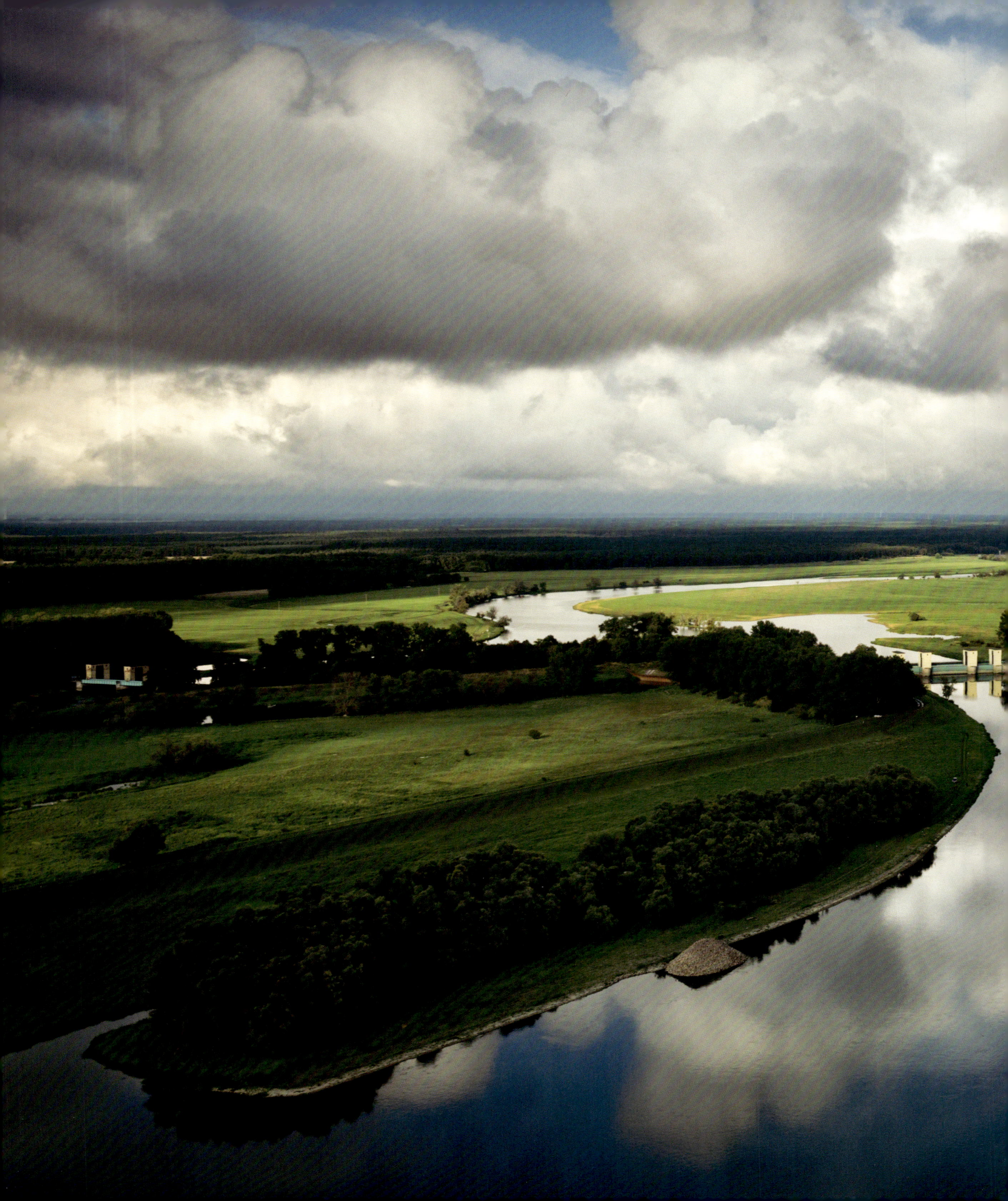

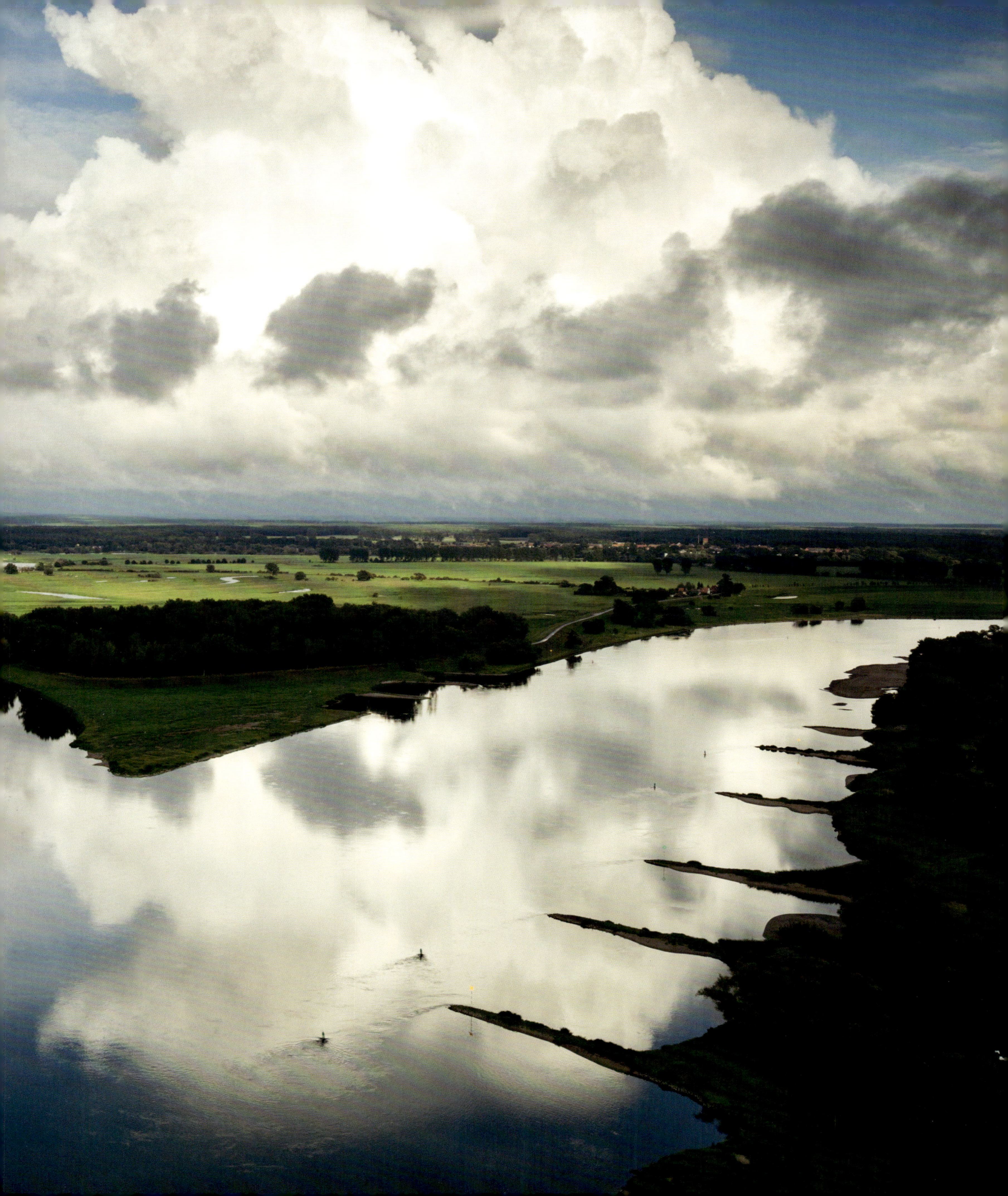

VON KÜSTE ZU KÜSTE

Von Hamburg nach Schleswig-Holstein. Das erste Mal sehen wir das Meer in Travemünde. Um an unser Ziel in der Nordsee zu gelangen, müssen wir aber noch viel plattes und geteertes Land durchreiten.

Oben
Für einen Süddeutschen ein Hügel, für einen Norddeutschen ein Berg: Thommy mit seinem Kumpel Thomas am Gipfelkreuz der Hüttener Berge in Schleswig-Holstein.

Rechts
Sylt, da sind wir. Die Brandung am Ellenbogen sieht aus der Luft harmloser aus, als sie tatsächlich ist.

Oben links
Kurztrip in die Tropen. In Friedrichsruh besuchen wir den Schmetterlingsgarten der Fürstenfamilie von Bismarck.

Oben rechts
Wir sind am nördlichsten Zipfel Deutschlands. Was nun? Vielleicht am besten Fifs Anweisung aus dem Navi folgen: Anstoßen mit Küstennebel.

Mitte links
Routenplanung mit Ortskundigem: Fif und Florian besprechen sich mit Thomas, unserem Gastgeber in Oberhütten.

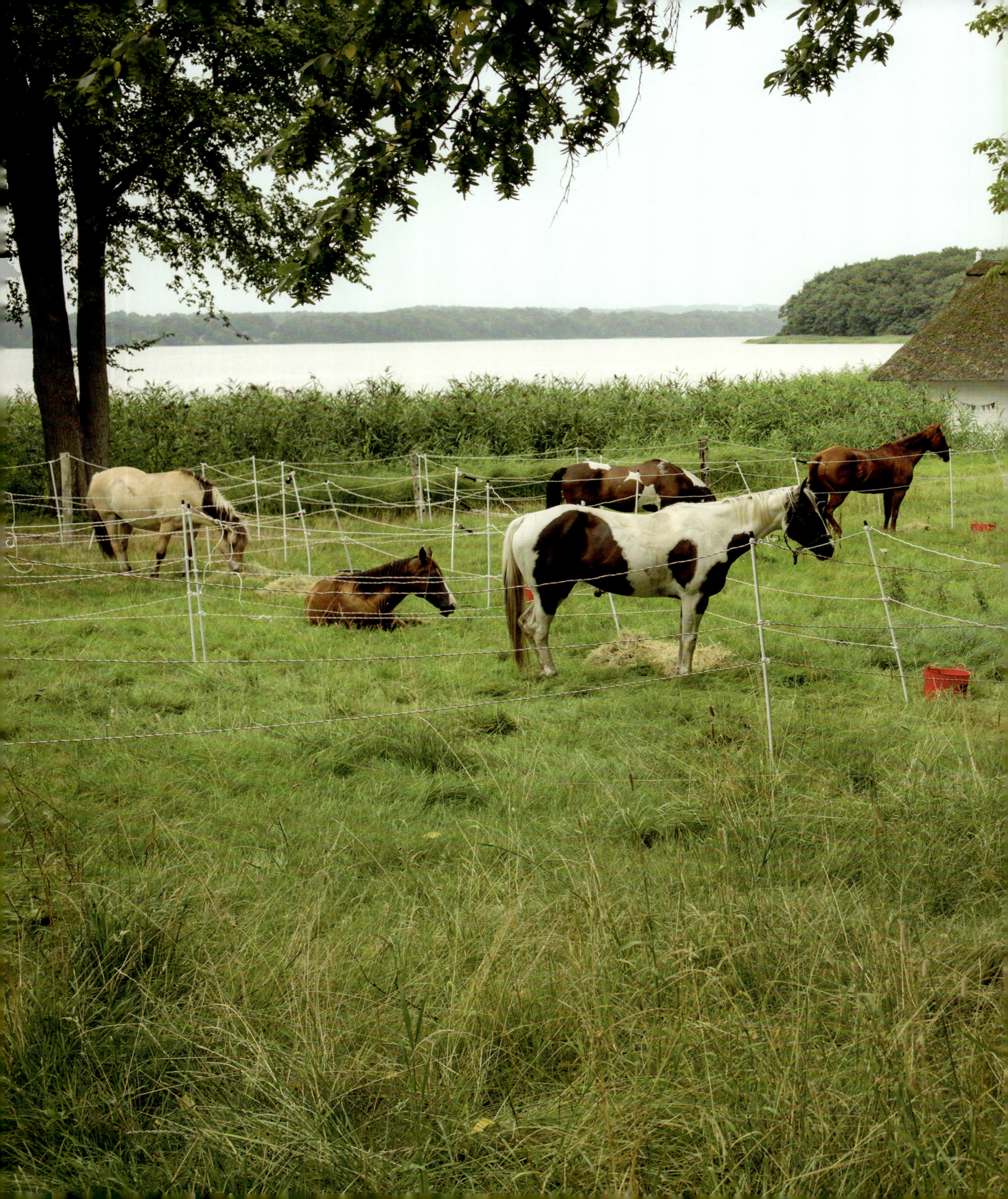

NATIONAL GEOGRAPHIC
ABENTEUER DEUTSCHLAND
Mit dem Pferd
FLORIAN

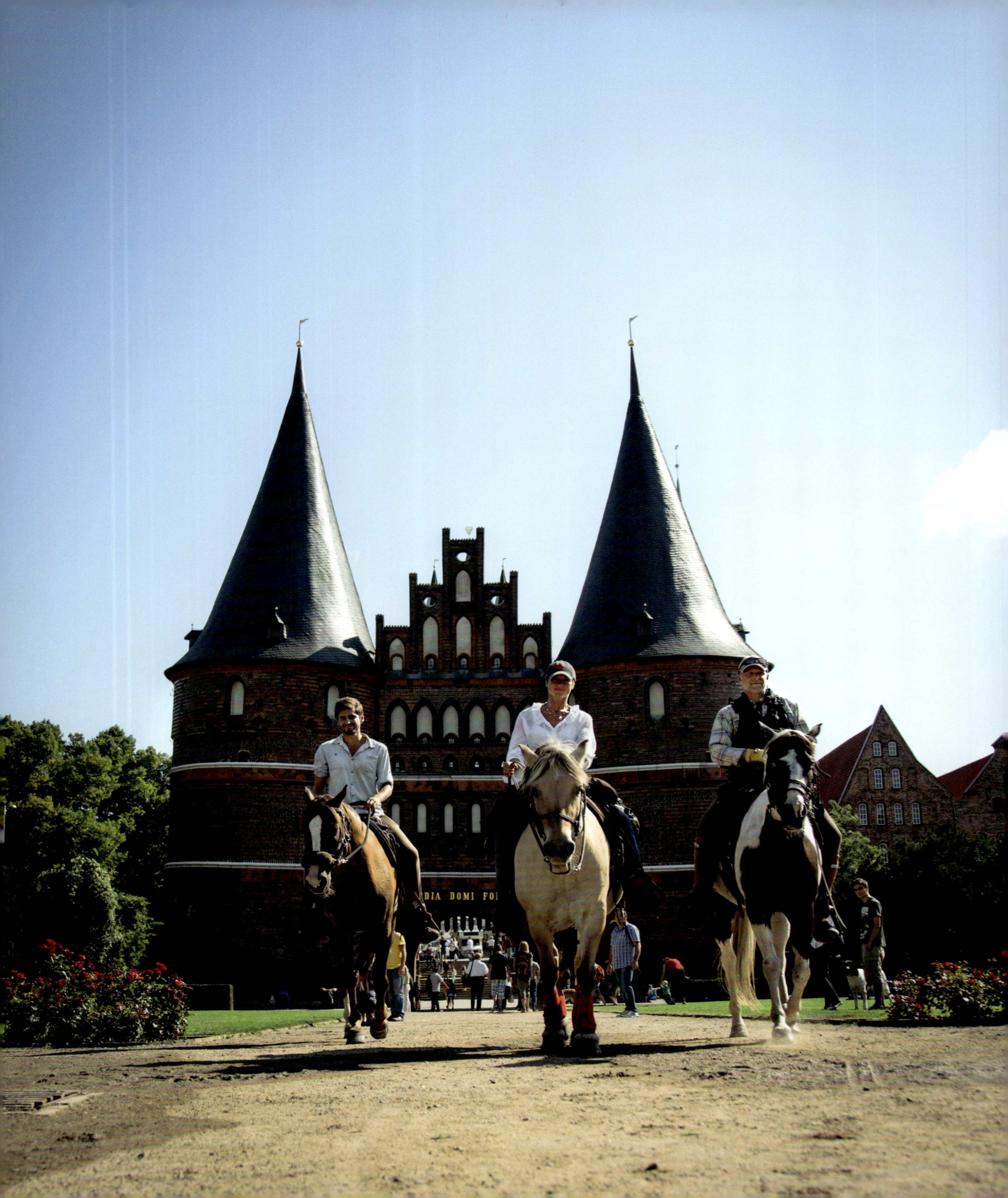

Erst Lagerfeuer, dann viel Regen

Wir reiten durch ertragreiches, von Elbarmen durchzogenes Land und spiegeln uns in Treibhäusern. Unser Eindruck von Hamburg ist nicht urban, sondern dörflich. Die Vier- und Marschlande sind das größte zusammenhängende Blumen- und Gemüseanbaugebiet Deutschlands und gehören zur zweitgrößten Stadt der Republik, ein harmonischer Gegensatz, wie wir feststellen. Nach nur einem Tag im Gebiet der Hansestadt erreichen wir die nächste Landesgrenze. Es liegt – kaum zu glauben – das letzte Bundesland unserer Reise vor uns: Schleswig-Holstein. Das letzte von acht. Wir waren im selbstbewussten Bayern und im feingeistigen Thüringen, haben die spröden und trotzdem herzlichen Länder Sachsen-Anhalt und Sachsen kennengelernt, sind durchs verschlafene Brandenburg und das aufgeweckte Niedersachsen geritten und hatten gerade ein Speed-Date mit dem abwartenden Hamburg.

In der Natur zeigen sich die Vorboten des Herbstes. Die Blätter an den Bäumen verfärben sich ins Gelbliche, über uns erblicken wir erste v-förmige Vogelchoreografien. Die Pferde bereiten sich schon auf die Kälte vor und legen sich ihr Winterfell zu. Als ich Sonne, das Fjordpferd, streichele, haften an meinen Händen feine Fellflusen, darunter spüre ich bereits nachwachsende kräftigere Haare. Der Wandel der Natur lässt uns bewusst werden, wie nah wir unserem Ziel sind. Wenn wir ohne Zwischenfälle vorankommen, sind wir in gut zwei Wochen auf Sylt. Auf der einen Seite freuen wir uns, nicht mehr jeden Morgen die Reisetasche nach einer frischen Unterhose durchwühlen zu müssen. Andererseits sind wir wehmütig, bald nicht mehr in den Tag hineinzureiten, ohne auch nur annähernd zu wissen, was er für uns bereithält.

Unsere erste Begegnung in Schleswig-Holstein: Wir treffen einen Nachfahren des Mannes, ohne den es das Land, durch das wir seit sieben Wochen reiten, möglicherweise nicht geben würde: Ferdinand Fürst von Bismarck, Urenkel des deutschen Reichskanzlers Fürst Otto von Bismarck. Ort des Treffens ist Friedrichsruh im Sachsenwald, der Familienwohnsitz, den der verstorbene Staatsmann einst von

Seiten 192/193
Ferien auf dem Ponyhof: Von unserem Lager auf dem Gut Immenhof bei Malente blicken wir auf den Kellersee.

Links
Schon wieder Winnetou? Als wir in Lübeck vors Holstentor reiten, hält uns eine Passantin für Schauspieler der Karl-May-Festspiele in Bad Segeberg.

Soloma und Sonne, leider unterwegs zum Tierarzt. Blick durchs Sprossenfenster in Böhnhusen bei Kiel.

Seiten 198/199
Aus Gelb wird Braun: Die Landwirte bereiten ihre Felder schon wieder für den nächsten Sommer vor.

Kaiser Wilhelm I. geschenkt bekam. Heute leben hier seine Nachfahren, Fürst Ferdinand mit seiner Frau Fürstin Elisabeth. Wir begegnen ihm in dem Teil des Anwesens, der öffentlich zugänglich ist: im Schmetterlingsgarten. In roten Sportschuhen und hellblauem Kaschmirpullover tritt uns der alte Herr entgegen. Wir machen einen Spaziergang in ein isoliertes Gewächshaus, hinein ins künstliche Tropenklima. Der Fürst bleibt auf einer kleinen weißen Brücke stehen. Über ihm flattern rote, blaue und gelbe Insekten, eingeflogen aus Costa Rica, verpackt in Watte und Styropor. Welchen Falter mag der Fürst am liebsten? «Den Monarchen, weil er auch adelig ist.»

Nach langem Dahinreiten abseits großstädtischer Strukturen erreichen wir Lübeck. Stufige Fassaden, die größer sind als die dahinter liegenden schmalen Kaufmannshäuser, penibel restaurierte Segelkähne im seichten Wasser der Trave. Eigentlich ist Lübeck ein besinnliches, nordisches Städtchen, gerade groß genug, um nicht klein zu wirken. Auf uns aber wirkt es wie eine Metropole, krachig und trubelig. Autos hupen, Kirchtürme läuten, Menschen rufen. Wir fühlen uns, als hätten wir nach einem Marathonlauf Schnaps getrunken. Dass wir nicht ganz bei uns sind, scheint man uns anzusehen. Eine Passantin fragt, ob wir aus Bad Segeberg kämen. Sie hält uns tatsächlich für Schauspieler der Karl-May-Festspiele.

Wir sind am Meer! Zwar ist es noch nicht die Nordsee, sondern die Ostsee, aber: Es fühlt sich schon ein bisschen wie Ankommen an. Wenn ich an die Zugspitze denke, an den zwischen Berge gezwängten Eibsee, dann erscheint mir die Lübecker Bucht offen wie der Ozean. Wir machen Pause in Travemünde, vor einem Fischimbiss im Hafen, und nehmen ein Seemannsfrühstück zu uns: Bier und Matjesbrötchen. Drüben, am Kai, liegt die „Passat", die traditionsreiche Viermastbark. In Travemünde, im feinen Ostseeheilbad, ist es leider nicht möglich, mit den Pferden an den Strand vorzureiten. Er ist voll gestellt mit Körben, in denen Grauhaarige ihre Beine ausstrecken. Zum ersten Mal gelangen wir in der Kieler Bucht, in Schilksee, ans

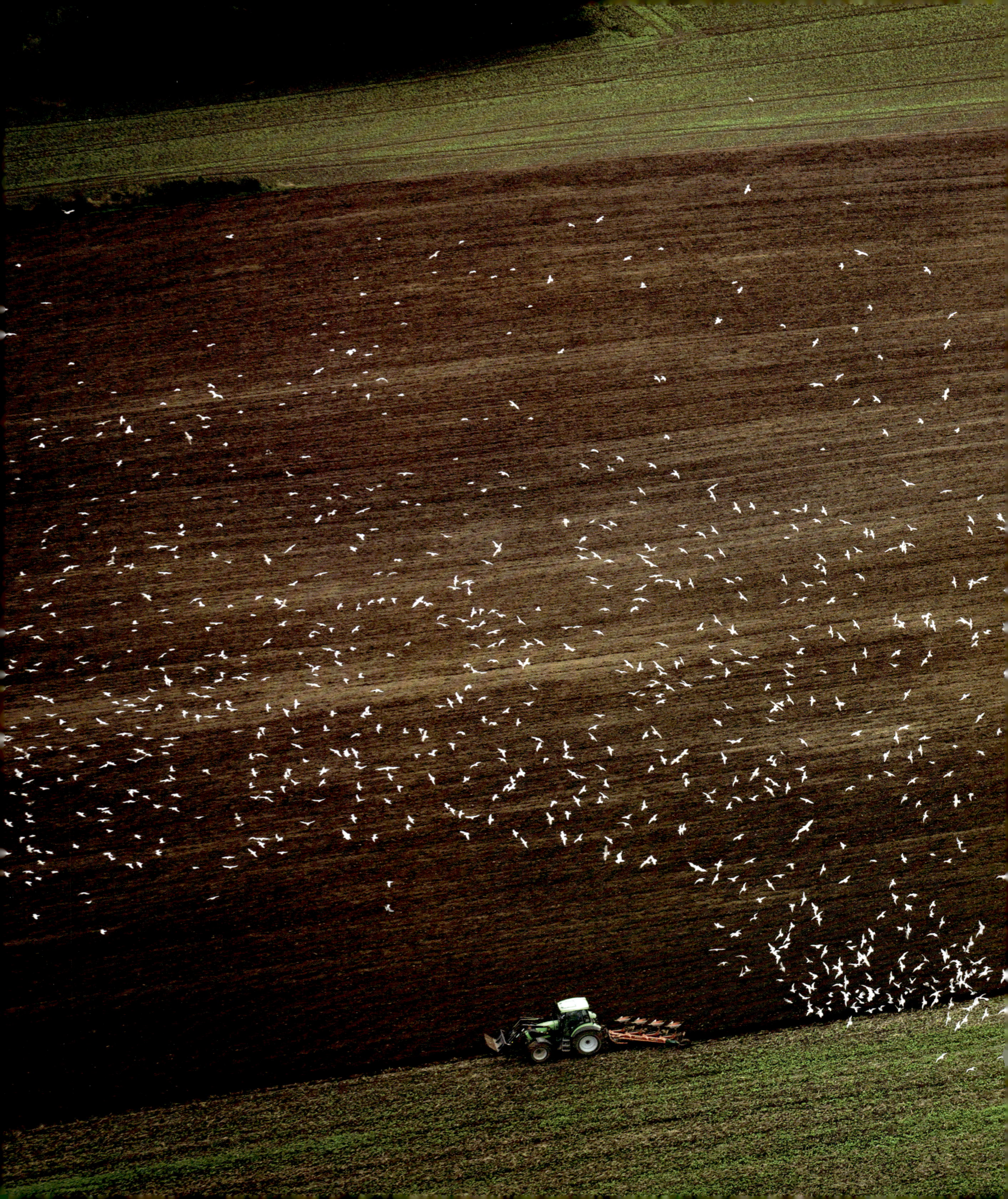

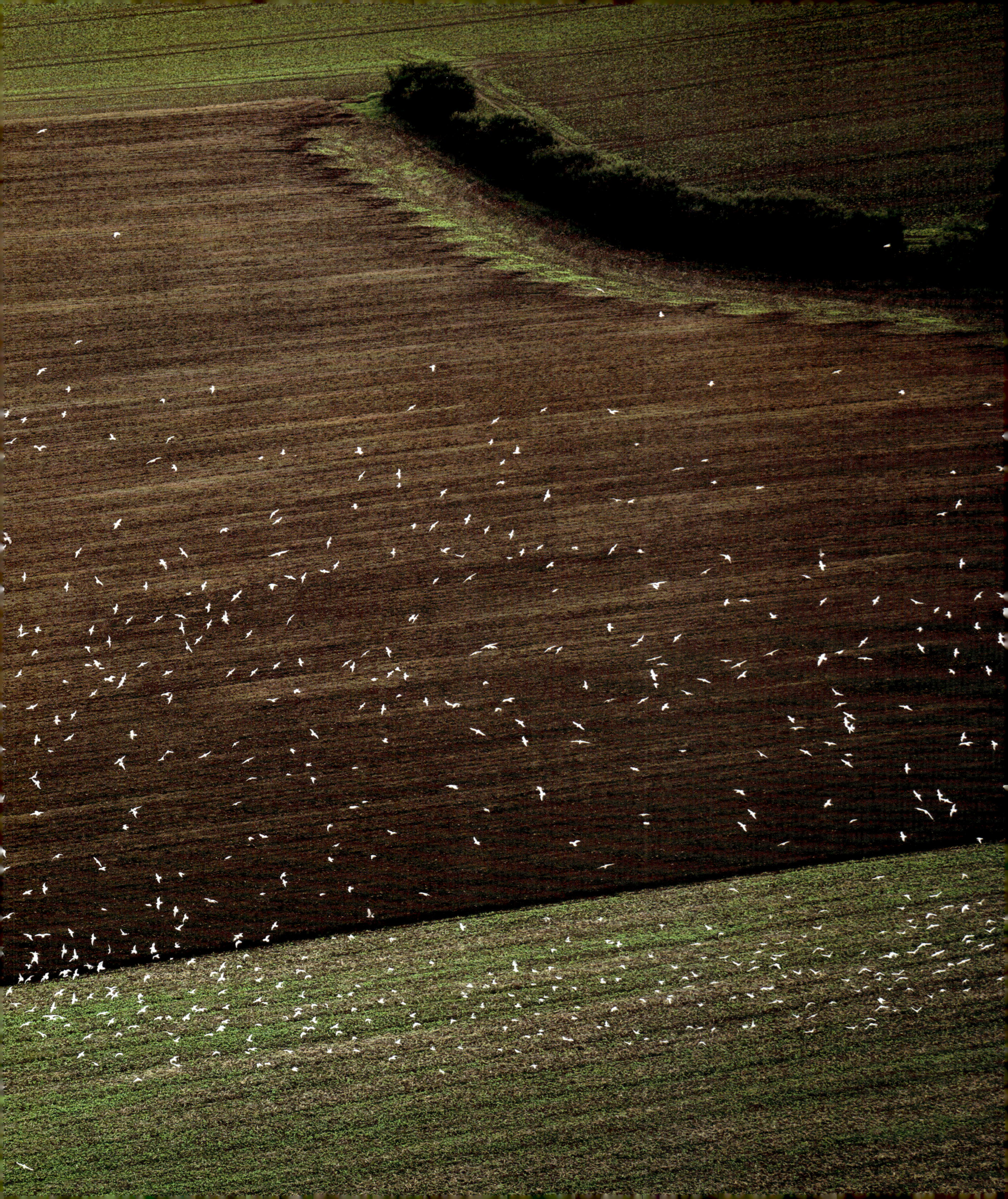

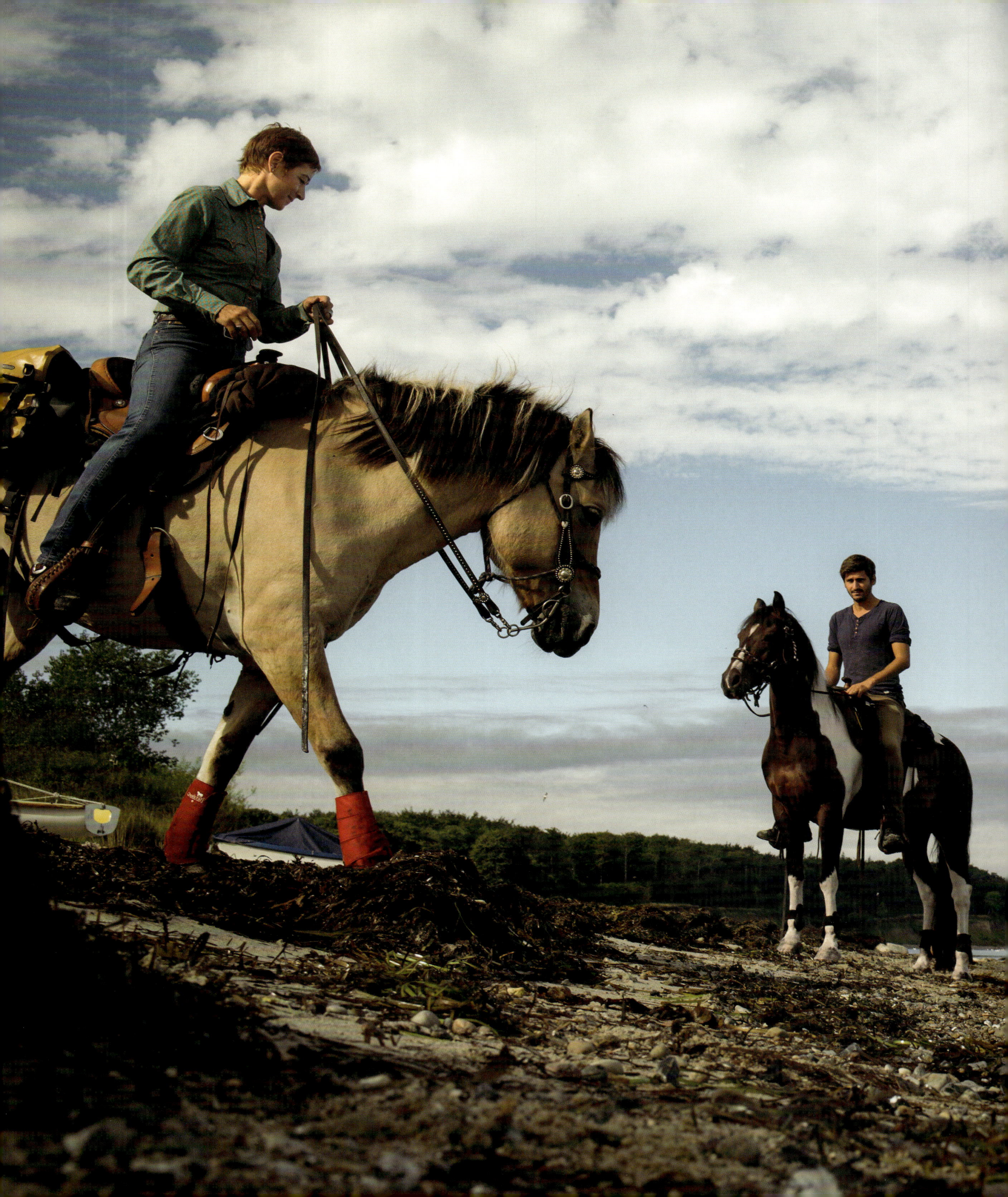

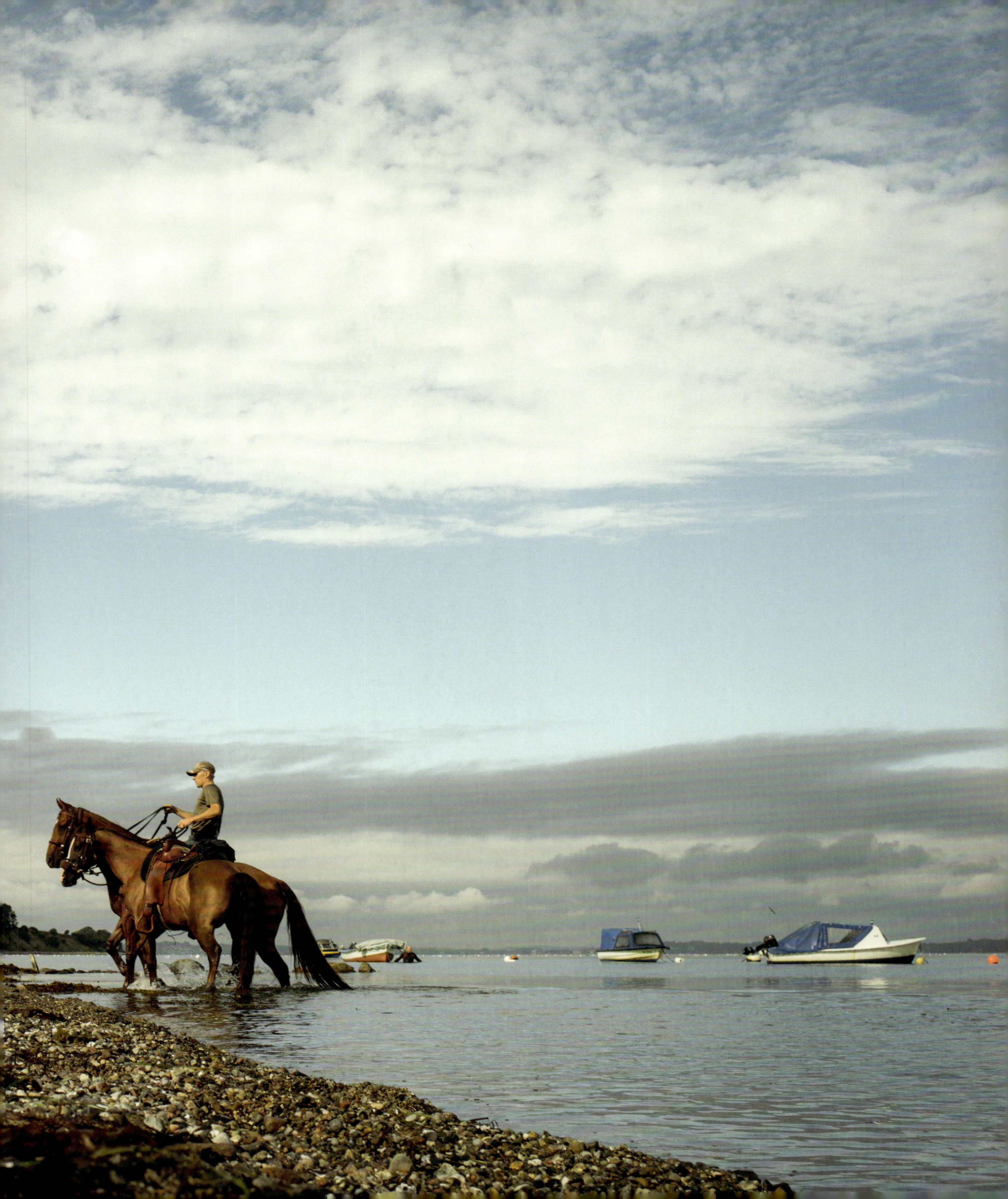

Wohnen unter Reetdach, Leben mit Pferden – eine Kombination, die in Schleswig-Holstein häufig anzutreffen ist.

Seiten 200/201
Strand bei Noer. Schiffsmotorengetucker, Möwengekreische, Brandungsschwappen, eine Harmonie, bei der es uns schwerfällt weiterzureiten.

Wasser. Wir planschen mit den Tieren in der Brandung. Besonders Olena, die mit ihrem Besitzer sonst in Kiel beheimatete Stute, traut sich weit hinaus. Immer wieder hebt sie ihre Vorderbeine und lässt sie ins Wasser fallen, wie ein Schaufelradbagger bearbeitet sie die See. Rooh, dem Araber, dagegen sind die Wellen unheimlich, er nähert sich ihnen, macht dann aber ruckartig kehrt. Dafür ist er danach, beim ersten Strandgalopp, umso motivierter. Es scheint ihn nicht zu stören, dass seine schmalen Beine immer wieder im weichen Boden einsinken. Unbeirrt wie eine Nähmaschine, die sich durch dicken Plüschstoff arbeitet.

Zwischen Travemünde und Schilksee – das muss kurz erwähnt werden – bauen wir unser Lager auf Gut Immenhof auf. Hier wurden in den 1950er Jahren drei süßlich-einflussreiche Kinofilme gedreht: „Die Mädels vom Immenhof", „Hochzeit auf Immenhof" und „Ferien auf Immenhof". Kurz gesagt, es geht um die Schwestern Dick und Dalli, die auf einem Ponyhof aufwachsen, der ständig vor finanziellen Schwierigkeiten steht. Ein überschaubarer Handlungsrahmen mit großer Wirkung. Kaum vorstellbar, dass Mädchen heute ohne die Filme Wendy lesen und vom Ponyreiten träumen würden. Fraglich auch, ob in Deutschland geschätzt alle fünf Kilometer ein Reiterhof stünde. Selbst Florian, unser Ober-Cowboy, gibt zu, in seiner Jugend die Immenhof-Filme geschaut zu haben. Sie haben das Reiten in Deutschland vielfältiger und für mehr Menschen zugänglich gemacht. Bis dahin hieß Pferdesport vor allem Dressur und Springen mit kräftigen Warmblütern. Aus den Filmen erwuchs eine Reitszene, die einen spielerischen Umgang mit kleineren Pferden wie Shettys und Isländern pflegte.

Teer, Teer, Teer. Obwohl es in Schleswig-Holstein viele namhafte Gestüte gibt und der „Holsteiner" eine weltweit geschätzte Pferderasse ist, erweist sich das Reitwegenetz als stark verbesserungswürdig. Über die Hälfte der Zeit gehen wir neben den Tieren, um ihre Hufe kurz vorm Ziel nicht zu sehr zu belasten. Zum Glück ist Thommy bei uns. Der knorrig-humorvolle Seemann ist ohnehin umtriebig wie ein Wiesel, nun aber läuft er zur Höchstform auf. Als Kieler kennt er sich im Norden bestens aus und sorgt immer wieder dafür, dass wir zumindest für eine Weile über weiche Wege reiten. Und er organisiert uns Unterkünfte bei seinen Freunden. Besonders in Erinnerung behalten werden wir unseren Stopp in Oberhütten, das auf einem leichten Hügel im ansonsten platten Land liegt. Unsere Gastgeber Steffi und Thomas haben dafür gesorgt, dass wir empfangen werden wie Berühmtheiten. Gleich mehrere Journalisten von Regionalzeitungen und Reitmagazinen umringen uns mit Notizblöcken und Kameras. Ein kurioses Gefühl.

Durchs weitläufige Nordfriesland reiten wir unserem Ziel entgegen. Die letzten Tage auf dem Festland vergehen schnell. Am 65. Reisetag ist es so weit: Bei strömendem Regen fahren wir in Niebüll auf den Autozug, die Pferde stehen hinter uns in Anhängern. Nach etwa 1700 gelaufenen Kilometern dürfen auch sie sich einmal „tragen" lassen. Unterwegs zeichnen sich durch die Windschutzscheiben Reetdachkaten ab, umgeben von sattem Grün. Dann liegt links und rechts von uns das Watt, zu unberechenbar der Schlick, als dass wir ihn hätten durchreiten können. Nach etwa einer halben Stunde erreichen wir die Nordseeinsel. Sylt, da sind wir! Froh und dankbar, aber auch ungläubig, dass es das jetzt war. Seit sieben Wochen tragen wir deinen Namen mit uns herum, aber je näher wir dir gekommen sind, desto bedeutungsloser wurdest du, tut uns leid. Anfangs warst du die ferne Insel,

Fortsetzung auf Seite 212

Oben
Wir sind dem Wilden Westen nie so nah gekommen wie an der Ostsee: Lagerfeuer in Noer mit Johnny-Cash-Mucke, Zimt-Tequila und klarem Sternenhimmel.

Rechts
Gibt es hier noch etwas anderes als salziges Wasser, Algen und Steine? Blika erkundet in der Dämmerung den Strand bei Noer.

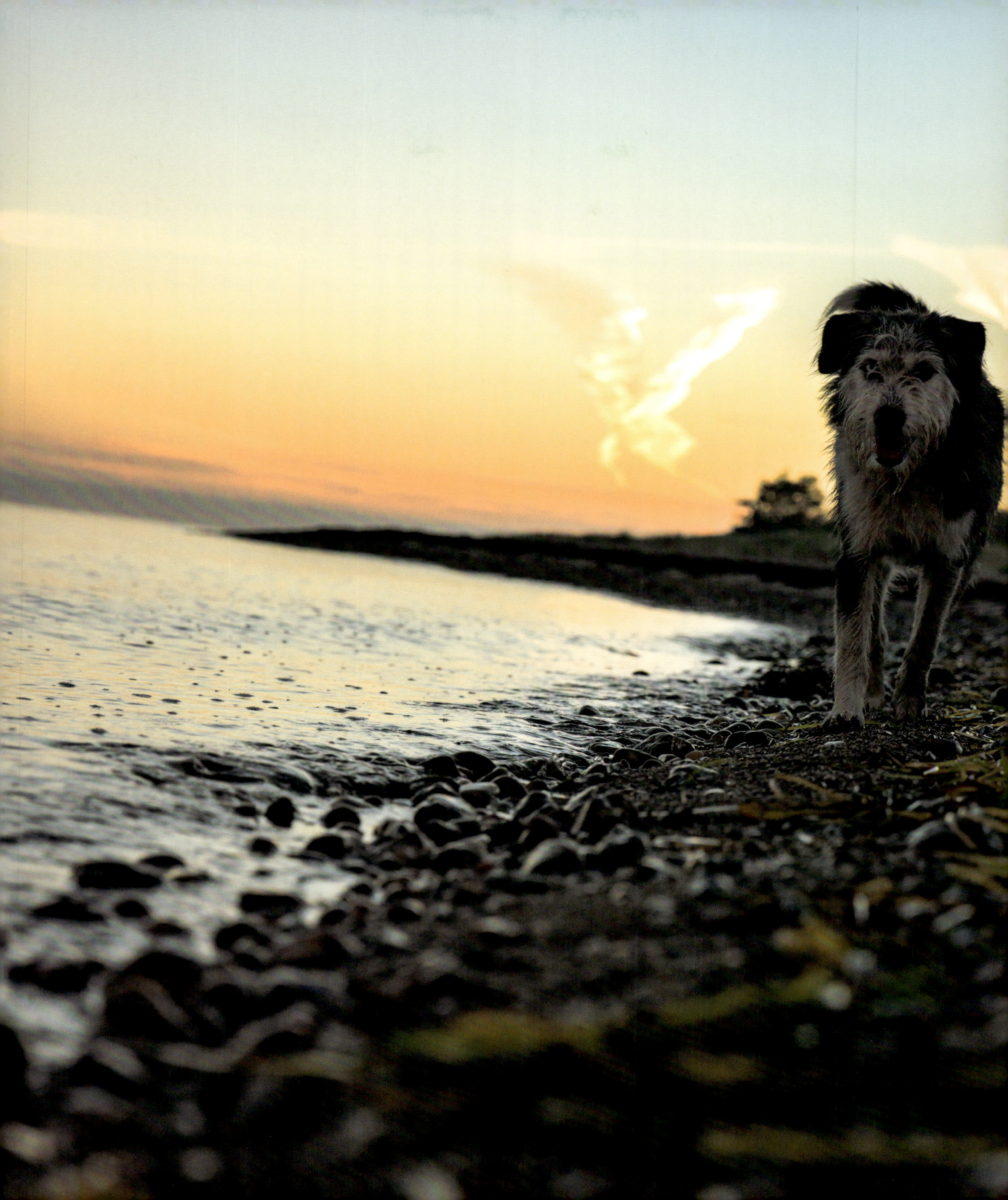

3.9.2013

Altenholz bei Kiel-Noer, 30 km

Nach einem Besuch in Altenholz, im Heimatstall von Thommy und Olena, erreichen wir nach langen Teerstrecken und einem Shooting bei Eckernförde erschöpft ein Jugendferienlager bei Noer. Wir liegen ums Lagerfeuer, über uns funkeln die Sterne, wir hören Johnny Cash und trinken Zimt-Tequila an der Ostsee. Hier kommen wir dem Wilden Westen so nah wie noch nie zuvor auf unserer Tour. Vielleicht ist heute auch der Tag, an dem wir uns am nächsten sind. Eigentlich hatten wir vor, früh zu schlafen, aber Fif hatte noch einmal das Feuer angemacht. Die Arbeitsabläufe sind flüssiger geworden, alle sind so aufeinander eingespielt, dass über Aufgaben kaum mehr gesprochen wird. Auffallend auch, dass jeder jedem hilft ohne aufgefordert zu werden.

Schleuse des Nord-Ostsee-Kanals in Kiel-Holtenau.

Oben links
Diese Eule wohnt auf einem
Hof in Busdorf bei Schleswig.

Oben rechts
Einmal Currywurst/Pommes,
bitte. Unser Anhänger ließe
sich auch als Imbiss nutzen.

Oben
Thommy, unser Lotse im Norden,
schaut, ob alles richtig ist.

Rechts
Ferdinand Fürst von Bismarck,
Urenkel des Reichskanzlers.

Wildwest-Romantik trifft Ponyhof: Bücherstapel auf Gut Immenhof.

Ole Marxen verwandelt den Immenhof gerade in ein Hotel.

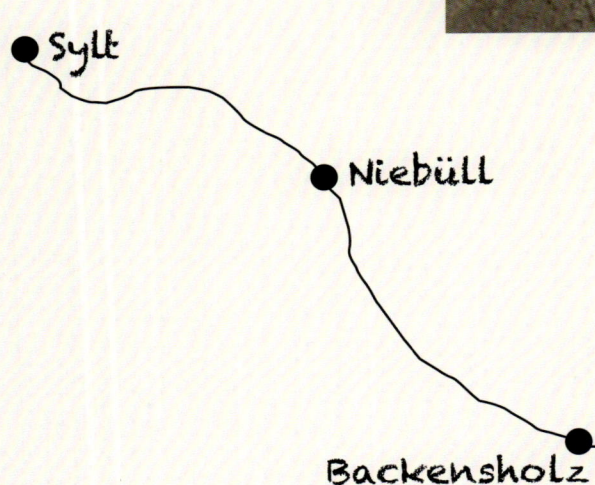

- Sylt
- Niebüll
- Backensholz
- Schilksee
- Kiel
- Immenhof
- Timmendorf
- Travemünde
- Lübeck
- Friedrichsruh

Das muss sein. In Eutin reiten wir in einen Drive-in.

Barbara scheint wenig Lust zu verspüren, Thommy in die Brandung zu folgen.

Lost im Sachsenwald: Barbara und Johan unterwegs nach Friedrichsruh.

Unten
Snack für zwischendrin: Barbara und Karin beim Beerenpflücken.

Och, nö. Unser Lager auf dem Gelände der Käserei Backensholz, kurz vor unserem Abritt.

Links
Sylter Ellenbogen. Es nützt nichts, es geht nicht mehr weiter.

Unten
Der Wachturm in Schilksee ist unbemannt, wir können uns an den Strand wagen.

Gleich gibt es Fischbrötchen. Karin mit Pferden in List.

Oben links
Abendessen im verlassenen
Ferienlager bei Noer.

Oben rechts
Wahnsinn, wie Olenas Fell glänzt.

Oben
Nordisch by nature. Unser
Gastgeber in Tinnum.

Rechts
Neugierig? Pferd in
Busdorf, auf einem uns
beherbergenden Hof.

das große Ziel, das uns zusammenhielt, den Ehrgeiz in uns entfachte. Dafür sind wir dir dankbar. Jetzt aber bist du nur noch der Fixpunkt, an dem unsere Reise endet. Eine von vielen Stationen, an denen wir unser Land erlebt haben. Auf einmal ist uns klar, es ging um die Reise, das Abenteuer Deutschland, nicht um das Ziel.

Natürlich muss es auf Sylt noch einmal richtig regnen. Als wir nach unserer Ankunft in Tinnum einen kleinen Ausritt am Strand machen, beginnt es zu schütten. So stark, dass wir nach kurzer Zeit bis auf die Unterwäsche durchnässt sind. Wir hören uns nur nicht ständig gegenseitig fluchen, weil der Wind so stark ist und wir unsere Kapuzen tief ins Gesicht gezogen haben. Nicht auszudenken, bis wohin wir gekommen wären, wenn wir häufiger so ein Wetter gehabt hätten, ganz bestimmt nicht bis Sylt. Am nächsten Tag scheint die Sonne wieder. Auf einem schmalen Weg zwischen den Dünen bewältigen wir die letzten Kilometer unserer Reise. Ständig werden wir von hektisch klingelnden Urlaubern überholt, nicht bereit, sich auch nur für fünf Sekunden dem Tempo anzupassen, in dem wir den Großteil unseres Weges zurückgelegt haben. Schade, es ist empfehlenswert. Dann erreichen wir den Ort, an den Fif in unserem Navigationsgerät „Anstoßen mit Küstennebel" geschrieben hat: den Strand beim westlichen Leuchtturm am Ellenbogen. Da stehen wir, Barbara, Karin, Hannah, Fif, Thommy, Florian und ich. Hinter uns ein fruchtbares, gastfreundliches Land, vor uns die See. Wir sind am nördlichsten Punkt Deutschlands. Auf unseren Handys melden sich schon dänische Anbieter. Abenteuer gemeistert. Danke Soloma, Mandy, Sonne, Olena, Pepi und Rooh.

Oben
Abfahrt in Niebüll: Wir lassen uns von der Eisenbahn über den Hindenburgdamm nach Sylt fahren.

Rechts
Es ist nicht mehr weit. Barbara, Florian und Thommy galoppieren in Kampen am Strand entlang.

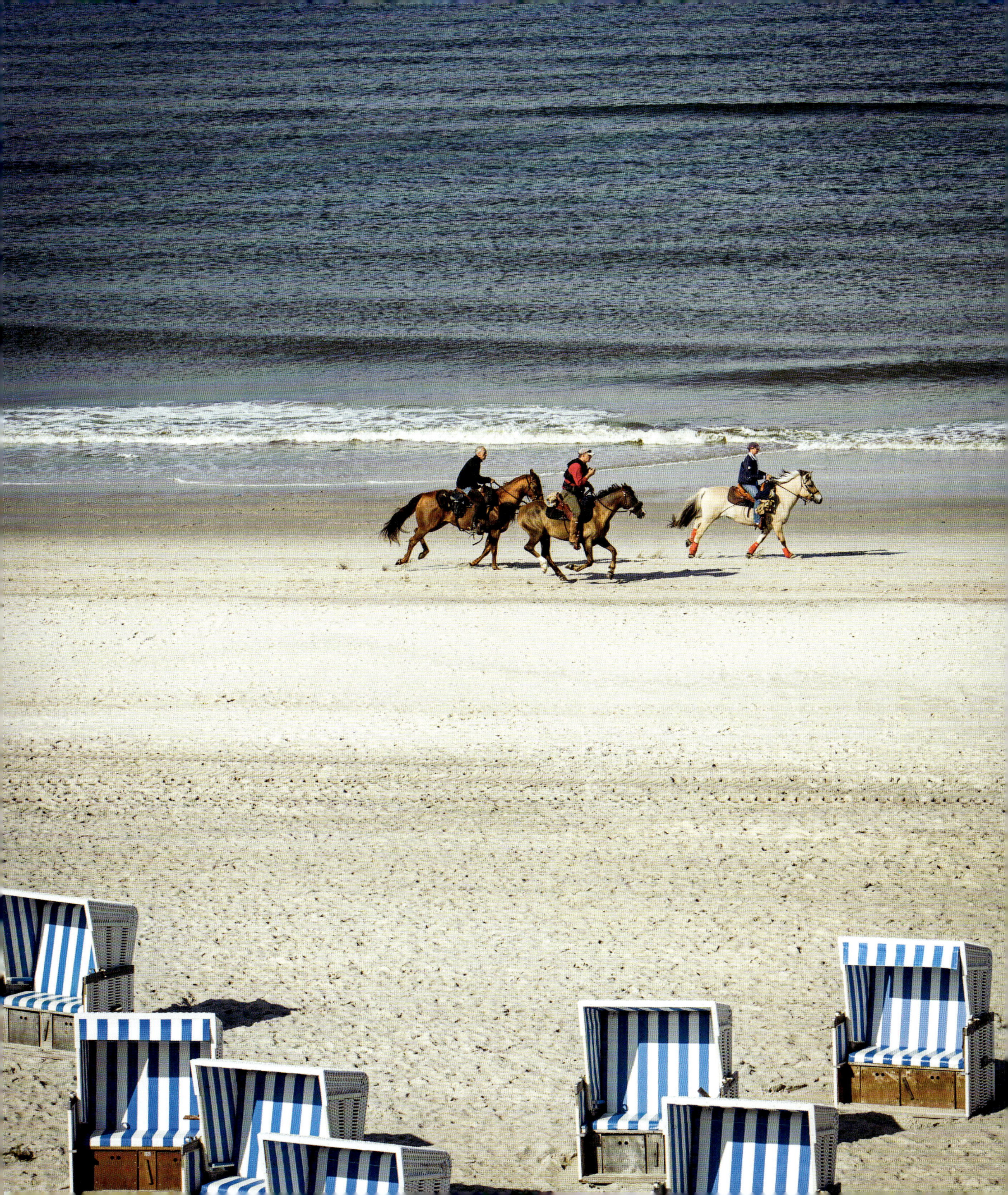

Vorletzter Reisetag, Galopp im Regen. Vermutlich hören wir uns gegenseitig nur nicht fluchen, weil der Wind und unsere Kapuzen unsere Stimmen ersticken.

Was wäre passiert, wenn das Wetter von Anfang an
so schlecht gewesen wäre? Wir sind uns einig: Sylt hätten
wir nicht erreicht.

Seiten 216/217
Allein, allein. Thommy, der Seemann, und Olena,
sein winderprobtes Pferd, sind in der Sylter Brandung
in ihrem Element.

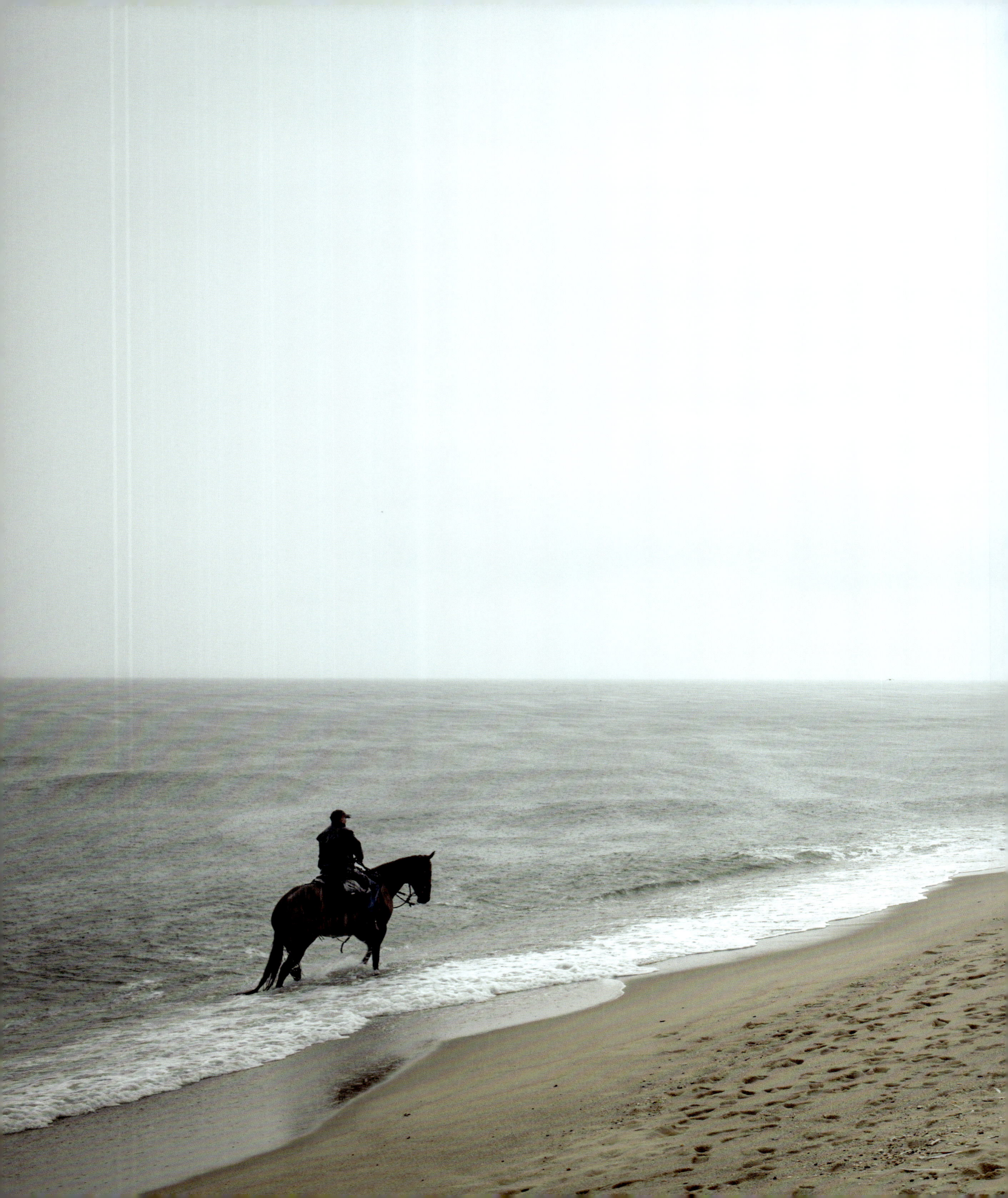

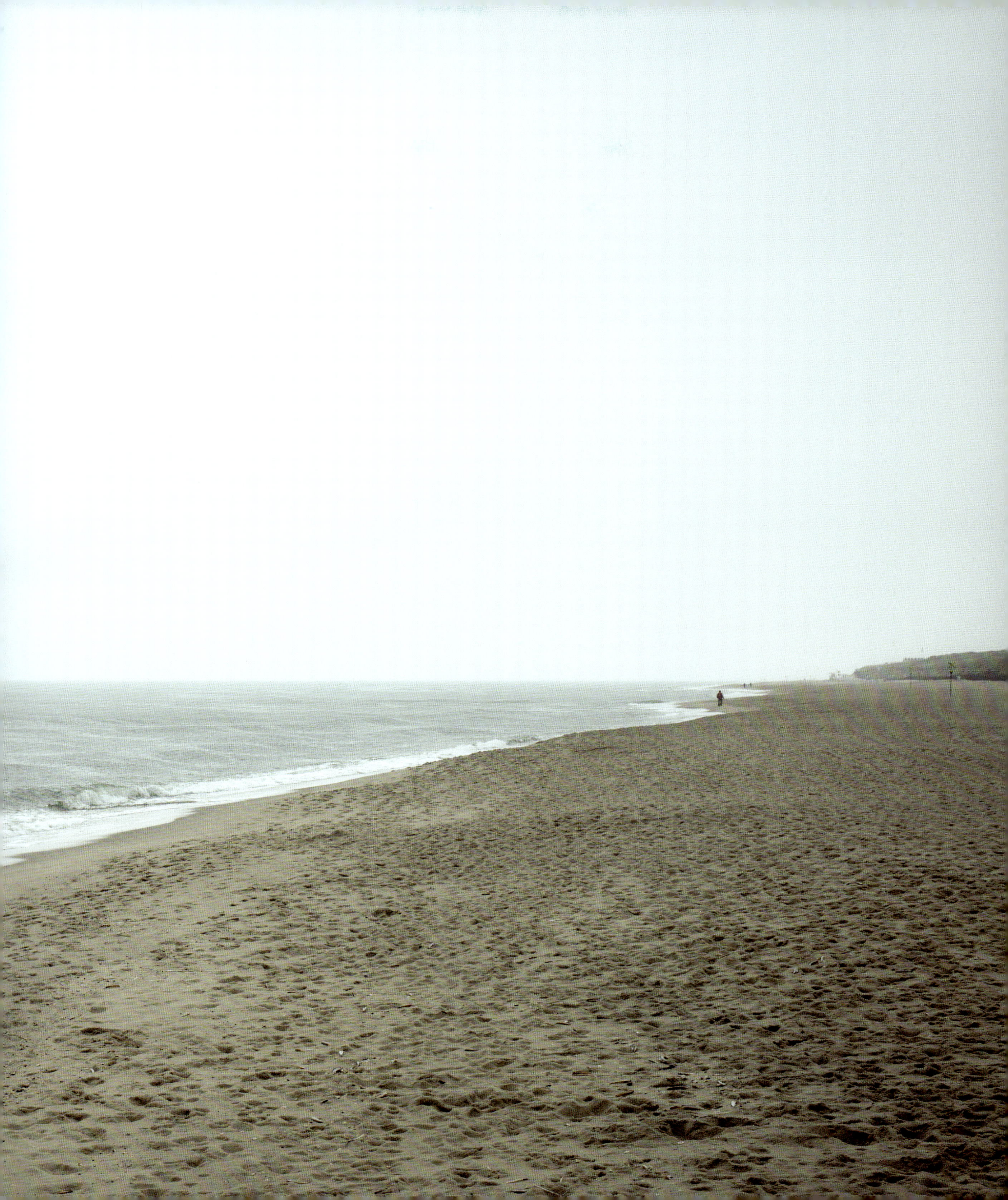

Bereitmachen für die Rückreise: Florian betankt den Hubschrauber, mit dem er entlang unserer Strecke zurückfliegen und von oben fotografieren wird.

Emmelsbüll-Horsbüll in Nordfriesland. So platt, dass man heute weiß, wer einen morgen besucht.

FRIESENGOLD IN OSTER-OHRSTEDT

Jasper und Thilo sind jung und feierlustig, aber ihrem Beruf gehen die Nordfriesen mit großer Ernsthaftigkeit nach: Sie veredeln Milch zu Käse. Ihre Produkte sind einzigartig gut.

Die Arbeitsplätze der Brüder Jasper und Thilo liegen etwa 15 Meter voneinander entfernt, verbunden sind sie aber nur durch ein schmales Eisenrohr. Sie müssen pingelig darauf achten, dass zwischen den Gebäuden keine Keime übertragen werden. Jasper, 28 Jahre alt, arbeitet im Kuhstall. Thilo, zwei Jahre jünger, in der Käserei. Es sind die zwei Standbeine der Backensholzer Hofkäserei, die sie gemeinsam mit ihren Eltern betreiben. Wie zwei Drittel aller Landwirte in Schleswig-Holstein lebt die Familie Metzger-Petersen von Milch. Was sie auf ihrem abgeschiedenen Anwesen bei Oster-Ohrstedt, rund 15 Kilometer westlich von Husum, aus ihr machen, ist einzigartig. Nicht nur Spezialitäten- und Bioläden beziehen ihren Käse, erzählen die beiden, sondern auch bekannte norddeutsche Köche wie Rainer Sass oder Johannes King vom Sylter Söl'ringhof.

Samstags, fünf Uhr morgens. Jasper, blonder Vollbart, Festivalband am Handgelenk, steht im Melkstand, um ihn herum 48 pralle Euter. Desinfizieren, Saugnäpfe ansetzen, nach und nach kommt seine ganze Herde zu ihm und seinen zwei Angestellten, 300 Kühe stehen im offenen Laufstall. Ständig hört man Kuhfladen auf den Betonboden klatschen. Allgäuer, Holsteiner, Normannen, über die Jahre hat der studierte Landwirt herausgefunden, dass diese drei Rassen zusammen die beste Milch für Käse abgeben. Normalerweise, sagt er, entstehe aus zehn Litern Milch ein Kilo Käse, bei ihm brauche es dafür nur acht. Jasper arbeitet ständig daran, die Abläufe auf dem Hof zu optimieren. Schon seit den Achtzigern bewirtschaften ihn seine Eltern nach biologischen Richtlinien. Backensholz ist ein eindrucksvolles Beispiel dafür, dass Bio nicht Stillstand bedeutet.

Die Milch, die Jasper melkt, fließt direkt durchs Rohr unter dem Kopfsteinpflaster hinüber zu Thilo in ein rotes Backsteingebäude. Bevor man es betritt, muss man extra gereinigte

Statistisch gesehen teilen sich in Schleswig-Holstein sieben Menschen eine Kuh.

Oben
Zwei Arbeitsplätze, die nur
15 Meter trennen: Thilo prüft Käse
im Lager (oben), und Jasper
treibt Kühe aus dem Melkstand.

Seiten 222/223
Leuchtturm am Ellenbogen.
Der Fixpunkt, auf den wir seit
über zwei Monaten hinge-
arbeitet haben.

Kleidung anziehen. Es ist warm und riecht säuerlich, im Radio laufen Oldies. Mit einer weißen Haube über seinen langen Locken steht Thilo da und überwacht, wie sich nacheinander drei Bottiche füllen. Rund 7000 Liter Milch fließen pro Tag in sie hinein. Sind sie voll, fügt der Lebensmitteltechniker Lab und Kulturen hinzu. Nach einer halben Stunde fühlt sich die Milch an wie Wackelpudding. Zwei Mitarbeiter verteilen sie auf eckige und runde Blechformen und wenden sie die nächsten drei Stunden immer wieder, damit sich eine gleichmäßige Rinde bildet. Heute machen sie zwei Sorten: in den eckigen Formen lagert ihr Hofkäse, in den runden ihr Deichkäse.

Wenn man Jasper und Thilo bei ihrer Arbeit beobachtet, fällt es schwer zu glauben, dass der Abend davor tatsächlich stattgefunden hat. Undeutlich wabern mir Bilder von einem Grillfest durch den Kopf. Es wurde viel Weizenkorn getrunken, glaube ich mich zu erinnern. Bis tief in die Nacht. Jasper und Thilo, die demnach höchstens zwei, drei Stunden geschlafen haben können, aber ist davon nichts anzumerken. Woran mag das liegen? Dafür gibt es natürlich mehrere Erklärungsansätze, zwei aber erscheinen besonders plausibel. Der erste ist, dass die beiden Zwei-Meter-Männer Nordfriesen und somit von Natur aus irgendwie standhafter sind als Menschen aus anderen Regionen. Sie trotzen Wind und Korn. Die zweite Erklärung: Jasper und Thilo überzeugt ihre Arbeit so stark, dass es ihnen nichts ausmacht, nur kurz geschlafen zu haben.

Acht Uhr, Frühstück. Mit Jasper und Thilo am großen Küchentisch sitzen Partygäste von gestern und einige ihrer Mitarbeiter. Eine Situation, wie besonders Jasper sie mag. Ihm sind regelmäßige Zusammentreffen in der Küche wichtig fürs Betriebsklima. «Jasper ist unser Hofpsychologe», sagt Thilo und lacht. Zum Frühstück gibt es, klar, eine große Käseauswahl. Darunter auch die beiden Sorten, an denen Jasper und Thilo heute gearbeitet haben: den Deichkäse mit seinem nussigen Aroma und den Hofkäse mit leicht säuerlich-buttrigem Geschmack. Käse, der Träume ersetzt.

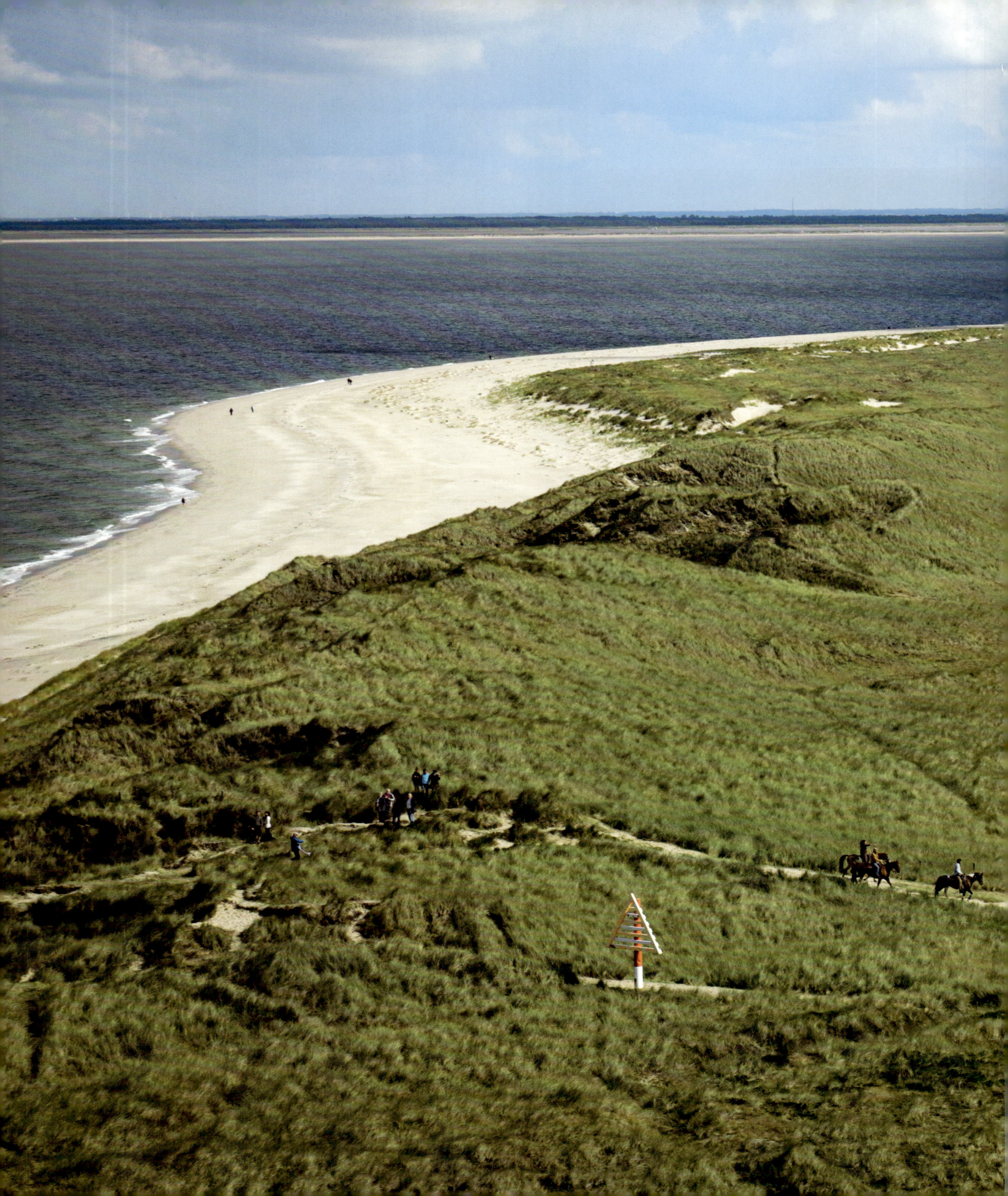

SPONSOREN

NATIONAL GEOGRAPHIC | Leica

Böckmann | Coesdau | Höveler | Garmin | Ortlieb Waterproof | Land Rover

Lowepro | Heliseven | Globe Flight | E-Bike World | DB Bahn

IMPRESSUM

Fotos: Florian Wagner | www.wagnerphoto.de
Text: Johan Dehoust

Copyright © NG Malik Buchgesellschaft mbH
Veröffentlicht von NATIONAL GEOGRAPHIC DEUTSCHLAND, Hamburg 2014

Alle Rechte vorbehalten. Reproduktionen, Speicherungen in Datenverarbeitungsanlagen oder Netzwerken, Wiedergabe auf elektronischen, fotomechanischen oder ähnlichen Wegen, Funk oder Vortrag, auch auszugsweise, nur mit ausdrücklicher Genehmigung des Copyright-Inhabers.

Konzept und Lektorat: Alexandra Schlüter
Gesamtgestaltung und Bildredaktion: Erdgeschoss Grafik, Esther Gonstalla | www.erdgeschoss-grafik.de
Schlussredaktion: Birte Kaiser
Herstellung: G+J Druckzentrale, Heiko Belitz (Ltg.), Thomas Oehmke
Litho: Peter Becker GmbH, Würzburg
Druck: Offizin Andersen Nexö Leipzig GmbH

Bildnachweise: Hannah Gorkenant: Cover, S. 9 unten li. u. re., 14 unten, 64, 127, 129 re. unten, 144 li., 145 re. oben, 165 re. oben u. unten, 166 li. oben, 168, 178, 191 unten (Kartenlesen), 194, 210 re. oben, 213, 214, 215; Janis Willbold: S. 18 li. (reiten durch den Fluss), 86 li. oben; Tom Beyer: S. 24, 36, 163 re. oben, 211 re. unten (Pferd im Abendrot); Barbara Ochotta: S. 132 li. unten; Marcus Aulfinger: S. 218

Printed in Germany
ISBN 978-3-86690-384-5

DANK

Mein Dank an die coolste Herde zwischen Garmisch und Sylt!
Danke, Barbara, dass du dich Tag und Nacht so wunderbar für unsere Pferde eingesetzt hast.
Danke, Fif, für deinen unermüdlichen Einsatz, allabendlich eine neue Heimat für uns zu finden.
Danke, Hannah, für den tapferen Feldzug gegen Milliarden Pixel.
Danke, Janis, für deine Ausdauer und dein kreatives Feuer, das du auch nach stundenlangem Warten im Wald nicht hast ausgehen lassen.
Danke, Johan, für deine Tapferkeit im Sattel und deine Geduld mit mir.
Danke, Karin, für das Stiften von Frieden in den seltenen Momenten, in denen es mal kleine Spannungen gab.
Danke, Silvia, für deine selbstlose Hilfe beim Versorgen unserer Freunde mit digitalen Informationen.
Danke, Tom, Klaus, Anja und Chrissi, für eure tatkräftige Unterstützung bei der Vorbereitung und während des Ritts.
Danke an all die freundlichen Gastgeber, die uns mit Wiesen für unsere Pferde, Betten im Stroh, spannenden Geschichten am Lagerfeuer und Bergen von Steaks verwöhnt haben.
Danke an all unsere Partner, dass ihr uns mutig zur Seite gestanden und an uns geglaubt habt.
Danke an Sonne, Soloma, Pepino, Olenas Classic, Rubinho, Mandy und Rooh. Ihr seid die wahren Helden dieser Geschichte.
Und natürlich ein großes Danke an Blika, die auf alle aufgepasst hat!
Danke auch dem Team von NATIONAL GEOGRAPHIC: Dr. Martin Bethke, Alexandra Schlüter, Dr. Sascha Kirchner, Esther Gonstalla und Kathrin Müller, die mir den entscheidenden Anstoß gab.
Und last but not least Cyril Thomas und Andreas Dippel von LEICA für euer Vertrauen in das Projekt und euren unermüdlichen Einsatz beim Customer Service.

Flo

Die National Geographic Society, eine der größten gemeinnützigen wissenschaftlichen Vereinigungen der Welt, wurde 1888 gegründet, um «die geographischen Kenntnisse zu mehren und zu verbreiten». Sie unterstützt die Erforschung und Erhaltung von Lebensräumen sowie Forschungs- und Bildungsprogramme. Ihre weltweit mehr als neun Millionen Mitglieder erhalten monatlich das NATIONAL GEOGRAPHIC-Magazin, in dem namhafte Fotografen ihre Bilder veröffentlichen und renommierte Autoren aus nahezu allen Wissensgebieten der Welt berichten. Ihr Ziel: *inspiring people to care about the planet*, Menschen zu inspirieren, sich für ihren Planeten einzusetzen. Die National Geographic Society informiert nicht nur durch das Magazin, sondern auch durch Bücher, Fernsehprogramme und DVDs. Falls Sie mehr über NATIONAL GEOGRAPHIC wissen wollen, besuchen Sie unsere Website unter www.nationalgeographic.de.